비유물론

M 카이로스총서 64

비유물론 Immaterialism

지은이 그레이엄 하먼
옮긴이 김효진

펴낸이 조정환
책임운영 신은주
편집 김정연
디자인 조문영
홍보 김하은
프리뷰 서현식

펴낸곳 도서출판 갈무리 등록일 1994. 3. 3. 등록번호 제17-0161호
초판 1쇄 2020년 3월 27일
초판 2쇄 2020년 11월 11일

종이 화인페이퍼 인쇄 예원프린팅 라미네이팅 금성산업 제본 경문제책

주소 서울 마포구 동교로18길 9-13 [서교동 464-56] 2층
전화 02-325-1485 팩스 02-325-1407
website http://galmuri.co.kr e-mail galmuri94@gmail.com

ISBN 978-89-6195-230-9 93100
도서분류 1. 철학 2. 과학 3. 인문학 4. 서양사상

값 16,000원

이 도서의 국립중앙도서관 출판예정도서목록(CIP)은 서지정보유통지원시스템 홈페이지(http://seoji.nl.go.kr)와 국가자료공동목록시스템(http://www.nl.go.kr/kolisnet)에서 이용하실 수 있습니다.(CIP제어번호 : CIP2020011130)

비유물론
Immaterialism

그레이엄 하먼 지음

김효진 옮김

객체와 사회 이론

Objects and
Social Theory

갈무리

일러두기

1. 이 책은 Graham Harman, *Immaterialism : Objects and Social Theory*, Cambridge/Malden, Polity Press, 2016을 완역한 것이다.
2. 이 책에서 사용되는 주요한 약어는 다음과 같다.
· ANT : Actor-Network Theory, 행위자-네트워크 이론
· EIC : England East Indies Company, 영국 동인도회사
· OOO : Object-Oriented Ontology, 객체지향 존재론
· VOC : Vereenigde Oostindische Companie, 네덜란드 동인도회사
3. 인명, 지명, 책 제목, 논문 제목 등 고유명사의 원어는 맥락을 이해하는 데 원어가 꼭 필요하다고 생각되는 경우를 제외하고는 본문에서 원어를 병기하지 않았으며 찾아보기에 모두 수록하였다.
4. 단행본과 정기간행물에는 겹낫표(『 』)를, 논문에는 홑낫표(「 」)를 사용하였다.
5. 저자의 대괄호는 〔 〕를 사용하였고, 옮긴이가 이해를 돕기 위해 첨가한 내용은 [] 속에 넣었다.
6. 영어판에서 이탤릭체로 강조된 것은 고딕체로 표기하였다. 단, 영어판에서 영어가 아니라서 이탤릭으로 강조한 것은 한국어판에서 강조하지 않았다.
7. 지은이 주석과 옮긴이 주석은 같은 일련번호를 가지며, 옮긴이 주석에는 [옮긴이]라고 표시했다.
8. 인용문 중 기존 번역이 있는 경우 가능한 한 기존 번역을 참고하였으나 전후 맥락에 따라 번역을 수정했다.
9. 한국어판 지은이 서문으로 옮긴이의 서문을 갈음한다는 옮긴이의 뜻에 따라 별도의 옮긴이 후기는 싣지 않는다.

차례

2부 네덜란드 동인도회사

부록

:: 한국어판 지은이 서문

이 책은 네덜란드 동인도회사Vereenigde Oostindische Compagnie(종종 'VOC'로 줄여서 표기됨)라는 세계 최초의 기업을 본보기로 삼고서 복잡한 사회적 객체들을 분석하기 위한 새로운 철학적 방법을 소개한다. 이 서문에서 나는 그 이야기를 미리 들려줌으로써 독자의 즐거움을 훼손하지 않을 것이다. 오히려, 나는 이 책의 마지막 장에 제시된 "객체지향 존재론 방법의 15가지 잠정적인 규칙"을 철학적으로 새롭게 정당화하려고 시도할 것이다. 객체지향 존재론Object-Oriented Ontology(이하 OOO)은 아직 역사가 짧은 철학이기에 다양한 전선을 따라 발달할 여지가 여전히 충분하다. 이런 이유로 인해, 여기서 내가 개진하는 진술 중 일부는 이 책의 실제 내용을 넘어설 것이다.

그 책 자체에서 논의된 대로, 내가 VOC를 본보기로 삼은 것은 G. W. 라이프니츠가 얀센주의 신학자 앙투안 아르노와 주고받은 유명한 서신에서 제기한 주장에 대응하기 위함이었는데, 그 서신에서 라이프니츠는 네덜란드 동인도회사의 관리들이 하나의 개별 객체를 형성할 수 없는 이유는 그 관리들이 자연적이라기보다는 인위적으로 회사에 배치되기 때문이라고 주장했다.[1] '자연'은 실재적으로 여겨지는 것에 대한 좋은 기준이 결코 아니라는 견해를 오랫동안 견지한 나는 VOC가 모든 나무, 산, 또는 동물에 못지않게 실재적인 객체라는 점을 몹시 보여주고 싶었다. 이것이 내가 그 주제를 선택한 저간의 사정이다. 『비유물론』에서 최초로 전개된 지적 방법들에 관해 말하자면, 이들 방법은 나 자신의 작업과 꽤 가까운 작업을 수행한 두 친구와 나눈 지적 논쟁에서 생겨났다. 그 첫 번째 친구는 브뤼노 라투르인데, 내게는 운이 좋게도 1994년에 우리가 런던 근처에서 처음으로 직접 대면한 이후로 라투르는 논쟁 상대가 되었다. 라투르의 행위자-네트워크 이론Actor-Network Theory(이하 ANT)은 존재자가 전적으로 자신의 행위들로 이루어져 있다고 주장한다.[2] 어떤 사람도 어떤 사물도 자신이 행하는 것과 별개로 현존하는 독립적인 단일체가 아니라, 오히려 자신이 행하는 활동들의 총합으로 철저히 규정되고 망라된다. 지금까지 나는 실체에 관한 수정 이론을 지지하여 이 견해에 맞서는 철학적 주장을 종종 제기했는데, 한편으로 ANT는 사회 이론에서 한 가지 다른 종류의 문제를 초래한다. 이 방

1. G. W. Leibniz, *Philosophical Essays*, trans. R. Ariew and D. Garber, Indianapolis, Hackett, 1989, p. 89.
2. Bruno Latour, *Reassembling the Social : An Introduction to Actor-Network Theory*, Oxford, Oxford University Press, 2005.

법에 따르면, 모든 주어진 사물은 그 행위들의 총합과 같기에 모든 행위 — 크든 작든 간에 — 는 반드시 그 사물의 본질을 변화시킬 것이다. 율리우스 카이사르의 머리에서 빠지는 한 올의 머리카락도 그를 전적으로 다른 존재자로 변화시키는 데 충분하다면, 자신의 운명에 부응하기 위해 루비콘강을 건너는 카이사르에 관한 오래된 문제를 왜 신경 써야 하는가? 모든 사소한 사건이 그 사건에 개입된 행위자들을 속속들이 뒤흔든다는 ANT의 가정을 참작하면, 그 이론은 중요한 사건과 중요하지 않은 사건을 결코 납득이 가도록 구분할 수 없는 무능력에 시달린다. 기껏해야 ANT는 루비콘강을 건너는 카이사르가 그의 머리에서 빠지는 한 올의 머리카락보다 양적으로 더 중요하다고 말할 수 있는데, 그 이유는 전자가 후자보다 더 많은 다른 존재자에 영향을 미치기 때문이다. 하지만 이것은 변화에 대한 순전한 외부적 기준이다. 그것은 조용하고 두드러지지 않은 변화가 많은 소란을 일으키는 떠들썩한 뉴스보다 때때로 그 중요성이 더 오래 지속한다는 사실을 파악하지 못한다.

이 책의 내용에 반영된 두 번째 지적 논쟁은 레비 R. 브라이언트와 벌인 것인데, 그와 나는 실재적 객체(브라이언트의 "잠재적 고유 존재"virtual proper being)가 도대체 정말로 변화할 수 있는지에 대하여 의견이 달랐다.[3] 브라이언트의 견해는, 실재적 객체는 애초부터 맥동하는 역동적인 실재임이 틀림없다는 것이다. 브라이언트는 자신이 처음에 철학적 모범으로 삼은 질 들뢰즈의 견해를 견지하면서 존재자를 끊임없는 되기의 현장 또는 "탈주선"으로 여긴다.[4] 이런 관점에서 바라보면, 나의 실재적 객체는 아무 가망 없이 정적이고 변화할 수 없는 것처럼 보인다고 브라이언트는 말한다. 이 주장에 대한 나의 대응은 브라이언트가 그릇된 이분법을 만들어낸다는 것이다. 문제는 (a) 소화전에서 뿜어져 나오는 물처럼 끊임없이 변화하는 객체, 또는 (b) 절대 변화하지 않는 객체 중 하나를 선택하는 것이 아니다. 그 대신에, 우리는 이미 우리 자신의 체험으로부터 우리 각자가 날마다 작은 변화를 많이 겪지만 중요한 변화의 횟수는 단지 한정되어 있을 뿐임을 대충 느끼고 있는데, 어쩌면 통상적인 생애 동안 대략 여섯 번 일어날 것이다. 더욱이, 우리는 이들 변화가 어떤 종류의 순전한 내부적 드라마로 인해 일어나지 않는다는 사실도 대충 느끼고 있다. 오히려, 우리 삶에서 가장 중요한 변화의 계기는 자신이 결코 만날 필요가 없었던 어떤 외부적 존재자 – 연인, 뜻밖의 새로운 도시, 제도, 직업, 좋아하는 작가 – 와의 융합을 통해서 생겨나는 것이 전형적

3. Levi R. Bryant, *The Democracy of Objects*, Ann Arbor, Open Humanities Press, 2011.

4. Gilles Deleuze, *Bergsonism*, trans. H. Tomlinson and B. Habberjam, New York, Zone, 1990. [질 들뢰즈, 『베르그송주의』, 김재인 옮김, 문학과지성사, 1996.]

이다. 브라이언트가 객체를 끊임없는 유출의 현장으로 여길 때, 그는 대다수 존재자가 오랜 기간에 꽤 안정한 상태를 유지하고 중요한 변화는 단지 간헐적으로 일어날 뿐이라는 사실을 설명하지 않고 방치함으로써 ANT가 저지른 오류를 어떤 형태로 반복한다. 이런 사실은 진화에 관한 나일스 엘드리지와 스티븐 제이 굴드의 "단속평형"론 덕분에 고생물학에서 널리 알려진 지 오래되었는데, 단속평형론에서 종은 환경 변화로 인해 갑자기 변화한 후에 어떤 장기적인 기간에 중요한 변화 없이 안정한 상태를 유지한다.[5] 이 이론은 충분히 흥미롭지만, 나는 진화에 관한 린 마굴리스의 "연속세포 내 공생설"Serial Endosymbiosis Theory, SET에 훨씬 더 관심이 많다.[6] 엘드리지와 굴드는 새로운 종 형성은 대체로 지리적 고립을 통해서 일어난다는 에른스트 마이어의 이론을 따르는 경향이 있는 반면에, 마굴리스는 이전에는 독립적이었던 생명체들의 공생에서 진화의 메커니즘을 찾아내는데, 이를테면 많은 경우에 진핵세포의 소기관은 원래 그 세포의 바깥에서 유입된 기생체로서 마침내 그 세포 자체에 통

---

5. Niles Eldredge and Stephen Jay Gould, "Punctuated Equilibria : An Alternative to Phyletic Gradualism," *Models in Paleobiology*, ed. Thomas J. M. Scopf, New York, Doubleday, 1972, pp. 82~115.

6. Lynn Margulis, *Symbiotic Planet : A New Look at Evolution*, New York, Basic Books, 1999. [린 마굴리스, 『공생자 행성 : 린 마굴리스가 들려주는 공생 진화의 비밀』, 이한음 옮김, 사이언스북스, 2007.]

합하게 되었을 따름이다.[7] 마굴리스의 공생 개념이 『비유물론』에 영향을 미친 가장 중요한 관념 중 하나였다는 점을 독자는 곧 알게 될 것이다.

결국, 이 책의 저술에 내재하는 난제는 공생 모형을 생물학적 맥락에서 순전히 사회적 맥락으로 이전하는 것의 어려움이었다. 생기론자 — 그리고 나는 결코 생기론자가 아니다 — 조차도 VOC가 마침 실재적인 역사적 행위자라는 바로 그 이유만으로 그것이 실제로 살아 있다고 주장하지는 않을 것이다. 사실상 라투르 자신은, 『비유물론』이 그가 보기에 사회적 영역에 전적으로 적용할 수 없는 생물학적인 공생 모형을 부적절하게 포함하고 있다는 근거에 바탕을 두고서 내 책을 반대하는 주장을 펼친다. 그의 주장에 대한 나의 대응은 「전기傳記적 의미에서의 퇴락」이라는 제목의 논문에서 찾아볼 수 있는데, 독자는 이 책의 말미에서 한국어로 옮겨진 그 논문을 읽을 수 있다.[8] 고대 그리스에서 비오스bios는 생물학적 삶이라는 의미에서의 생명이 아니라 '삶

7. Ernst Mayr, *Systematics and the Origin of Species*, New York, Columbia University Press, 1942.

8. Graham Harman, "Decadence in the Biographical Sense : Taking a Distance from Actor-Network Theory," *International Journal of Actor-Network Theory and Technological Innovation*, vol. 8, no. 3, 2016, pp. 1~9. [그레이엄 하먼, 「전기적 의미에서의 퇴락 : 행위자–네트워크 이론에서 거리두기」, 『비유물론』, 김효진 옮김, 갈무리, 192~215쪽.]

의 방식'이라는 전기적 의미에서의 생명을 가리킨다는 점을 언제나 기억해야 한다. 전자는 더 적절히 '동물학'으로 표현될 것인데, 이 용어는 이미 동물에 관한 연구로 여겨지고 있다. 더욱이, 라투르의 ANT가 갖는 모든 장점에도 불구하고, 그 이론은 『비유물론』에서 서술되는 대로의 사회적 존재자의 불가피한 생명 주기 — 탄생, 공생, 성숙, 쇠퇴, 그리고 죽음 — 를 결코 논의할 수 없다. 이렇게 해서 이제 객체지향 사회 이론의 15가지 잠정적인 특정 규칙을 6개의 관련 규칙 그룹으로 나누어서 검토하자.

그룹 1 : 명사에의 귀환

규칙 1 : 행위자가 아니라 객체
규칙 2 : 유물론이 아니라 비유물론
규칙 11 : 사건으로서의 객체는 객체로서의 객체의 메아리다.

20세기 전후의 주요한 지적 경향 중 하나는 지속하는 개별 사물을 강조하기보다는 오히려 역동적인 과정과 사건을 강조하려는 노력이었다. 철학에서 이런 경향은 늦어도 앙리 베르그송의 지속durée이라는 관념으로 시작하였고, 심리학에서는 윌리엄 제임스로 시작하였다.[9] 마르틴 하이데거의 존재 철학이 베르그송의 철학과 무관하지 않은 역동적인 철학이라고 널리 알려져 있는데, 나는 이 의견에 그다지 동의하지 않지만 말이다. 2차 세계대전 이후로 가장 영향력이 있는 두 명의 대륙 사상가인 자크 데리다와 질 들뢰즈는 정적인 객체의 부르주아적 범속성에 우선하여 시간과 생성을 강조하는 것처럼 보인다.[10] 흔히, 인도유럽어의 문법적 구조도 지속하는 실체에 대한 그릇된 믿음으로 추정된다는 이유로 지금까지 비난받았다.[11] 현대 이론가가 바라건대 자신이 깊이가 있는 것처럼 보이게 하는 가장 쉬운 방법은 명사의 단수형을 복수형으로 전환하는 것인데, 이를테면 푸코의 삶 대신에 푸코의 삶들이라고 일컬을 수 있을 때 왜 푸코의 삶이라고 쓰는가?[12]

---

9. Henri Bergson, *Time and Free Will : An Essay on the Immediate Data of Consciousness*, trans. F. L. Pogson, Mineola, Dover, 2001 ; William James, *The Principles of Psychology*, 2 vols, New York, Dover, 1950. [윌리엄 제임스, 『심리학의 원리 1·2·3』, 정양은 옮김, 아카넷, 2005.]
10. Jacques Derrida, *Of Grammatology*, trans. G. Spivak, Baltimore, Johns Hopkins University Press, 1998. [자크 데리다, 『그라마톨로지』, 김성도 옮김, 민음사, 2010.] ; Gilles Deleuze, *The Fold : Leibniz and the Baroque*, trans. T. Conley, Minneapolis, University of Minnesota Press, 1992. [질 들뢰즈, 『주름, 라이프니츠와 바로크』, 이찬웅 옮김, 문학과지성사, 2004.]
11. Benjamin Lee Whorf, *Language, Thought, and Reality : Selected Writings of Benjamin Lee Whorf*, Cambridge, MIT Press, 1964 [벤자민 리 워프, 『언어, 사고, 그리고 실재』, 신현정 옮김, 나남출판, 2010]를 보라.
12. Graham Harman, "Whitehead and Schools X, Y, and Z," *The Laws of Whitehead*, eds. N. Gaskill and A. Nocek, Minneapolis, University of Minnesota Press, 2014, pp. 231~48을 보라.

앞서 언급한 대로, 이 모형과 관련된 문제 중 하나는 그것이 변화와 생성에 관한 우리 감각의 질을 떨어뜨린다는 것이다.[13] 모든 것이 이미 끊임없는 운동 상태에 있다면, 중요한 변화와 중요하지 않은 변화 사이의 차이에 대한 어떤 엄밀한 감각도 상실한다. 더욱이, 우리는 여전히 변화를 수량화하여 모기를 때리는 빗방울보다 프랑스 혁명에 더 큰 숫자를 부여할 수 있지만, 이렇게 해서 우리는 변화의 중요성이 오로지 얼마나 많은 다른 존재자가 영향을 받는지에 있다는 관념 – 얼마나 많은 중요한 변화가 감지되지 않은 채 진행되고 오랜 시간 동안 거의 판별할 수 없는 영향을 미치는지 고려하면 확실히 그릇된 관념 – 에 구속당하게 된다. 이런 끊임없는 운동의 '라바 램프'lava lamp 철학과 관련된 또 다른 문제는, 끊임없는 변화가 사실상 관찰되지 않는 이유를 그 철학이 우리에게 말해주지 못한다는 것이다. 만물의 정체성이 끊임없이 변화하는 현상을 이론적으로 지나치게 강조함으로써 우리는 무슨 일이든 드물게 발생한다는 현실에 대한 모든 감각을 잃어버렸다. 예를 들면, 어떤 의미에서 칸트 이후의 철학은 성장이나 갱신의 240년 시기이기는커녕 사

---

13. Graham Harman, "Conclusions : Assemblage Theory and Its Future," *Reassembling International Theory : Assemblage Thinking and International Relations*, eds. M. Acuto and S. Curtis, London, Palgrave Macmillan, 2014, pp. 118~31을 보라.

유-세계 관계가 모든 합법적 철학의 원천이라는 칸트 자신의 가정에 빠져 꼼짝 못 하게 되었다.[14] 우리에게 무엇보다도 필요한 것은 안정성 이론으로 불리는 아직 존재하지 않는 분과학문이다. 사물은 왜 매 순간에 자신을 둘러싼 수백만 개의 영향에 일일이 대응하지 않는가? 이런 이유로 인해 OOO는 행위자에 주목하기보다는 오히려 객체에 주목하고, 동사에 주목하기보다는 오히려 명사에 주목한다. 명사는 '사람이나 장소, 사물'을 가리키는 것이라는 일반적인 학교 분류법에 따라, 이것들이 내가 VOC의 역사를 고찰하면서 찾았던 사항의 종류들이다. 행위는 VOC 자체가 수행하는 것이고, 따라서 VOC의 생애 동안 일어난 참으로 새로운 사건을 찾을 장소가 아니다. 오히려, 어떤 기업에 일어나는 변화 – 우리 모두에게 일어나는 변화와 마찬가지로 – 는 외부 세상의 것과 관계를 맺음으로써 생겨날 것이다. VOC의 사례에서 나는 그 기업에 큰 변화를 일으킨 단 하나의 사람-명사를 찾아내었는데, 그는 VOC의 총독 얀 피에테르손 코엔으로 가장 사악한 제국주의적 인물이지만 그 기업의 바로 그 본질을 변화시켰음이 틀림없는 인물이다. 내가 VOC의 공생 상대로 찾아낸 장소-명사와 사물-명사를 알아내

14. Immanuel Kant, *Critique of Pure Reason*, trans. Norman Kemp Smith, London, Palgrave Macmillan, 2003. [임마누엘 칸트, 『순수이성비판 1·2』, 백종현 옮김, 아카넷, 2006.]

는 일은 독자에게 맡길 것이다. 또한, 순서를 벗어나서 이 그룹에 포함된 규칙 11이 뜻하는 바가 바로 이것임을 인식하자. 어떤 객체가 행위를 실행하려면 먼저 그 객체가 존재해야 하고, 따라서 어떤 객체가 행위를 실행하기 때문에 그 객체가 존재하는 것은 아니다.

유물론에 관해서 말하자면, 그것은 정반대의 두 가지 다른 의미로 존재하는데, 그 두 가지 모두 좋지 않다. 고전 유물론은, 세계는 소용돌이치며 공허를 통과하는 원자들 또는 다른 입자들로 주로 이루어져 있고, 그리하여 더 큰 존재자들은 모두 이들 작은 단위체의 조합으로 해명될 수 있다고 주장한다. 이 관념은 존중할 만한 계보가 있는데, 요컨대 고대 그리스의 소크라테스 이전 사상가들은 모두 이런 의미에서의 유물론자였고, 따라서 원자론은 이 시기에 출현한 관점 중 하나였다. 이런 종류의 유물론과 관련된 문제는, 그 관점이 더 큰 존재자의 새로운 특성의 형성, 즉 철학자들이 일반적으로 "창발"이라고 부르는 것을 설명하지 못한다는 것이다. 가장 유명한 본보기는 확실히 물이다. 물은 불을 부채질하여 더 격렬하게 만드는 두 가지 화학 원소 – 수소와 산소 – 로 이루어져 있더라도, 물 자체는 불을 꺼뜨린다. 현대 화학이 이런 일이 왜 일어나는지 설명할 수 있다는 사실은 중요하지 않은데, 왜냐하면 물이 고립된 그 성분들과 종류가 다른 것이라는 점은 여전히 남아 있기 때문이다. 물은 어떤 산소 원자와 수소 원자가 결합하여 생겨나지만 물을 구성하는 산소 원자와 수소 원자가 특정되어 있을 필요는 없다는 추가 사실이 있는데, 요컨대 그 사실은 우리가 물에서 일부 원자들을 제거하여 다른 것들로 대체하더라도 그것 역시 물일 것이라는 점을 뜻한다. 주지하는 바와 같이, 물은 자신의 구성 부분들 '위에 있는' 것이다.

그런데 최근 수십 년 동안 꽤 다른 종류의 유물론이 등장하였다. 나는 브라이언트가 그런 이론들에 대한 자신의 좌절감을 다음과 같이 표현할 때 그에게 동감한다. "유물론은 무언가가 역사적이고, 사회적으로 구성되고, 문화적 실천을 포함하며, 우발적이라는 점을 단순히 의미하게 되었을 뿐이다 … 유물론 속 어디에 유물론이 있는지 의아하다."[15] 이런 종류의 유물론은 고전적 종류와 정반대의 방향으로 움직인다. 본질적으로 고전 유물론은, 중간 규모의 일상적 객체는 너무 얕아서 진실일 수 없기에 우리가 실재의 뿌리를 찾을 때 더 작은 것들로 이루어진 더 깊은 층위를 고려해 보아야 한다고 말한다. 반면에 새로운 종류의 포스트모던 '유물론'은, 중간 규모의 일상적 객체는 너무 깊어서 진실일 수 없기에 우리가 실재의 뿌리를 찾을 때 오히려 더 접근

15. Levi R. Bryant, *Onto-Cartography: An Ontology of Machines and Media*, Edinburgh, Edinburgh University Press, 2014, p. 2. [레비 R. 브라이언트, 『존재의 지도 : 기계와 매체의 존재론』, 김효진 옮김, 갈무리, 근간.]

하기 쉬운 언어 또는 권력 투쟁의 층위를 고려해 보아야 한다고 말한다. 이런 종류의 유물론이 놓치는 것은 변화를 설명할 모든 방법이다. 왜냐하면 아무것도 숨어 있지 않고 모든 것이 세계의 표면 위에 있다면, 모든 것은 자신이 지금 마침 수행하고 있는 행위에서 완전히 전개되어야 하기에 변화가 일어나도록 견인할 것이 아무것도 없을 것이기 때문이다. 이 상황은 아리스토텔레스가 『형이상학』에서 메가라학파가 현재 집을 짓고 있지 않은 사람은 그 누구도 주택건축자가 아니라고 주장한 점에 대해 비판할 때 염두에 두었던 것이다.[16] 메가라학파의 주장이 사실이라면, 현재 잠자고 있는 장인 주택건축자와 건축술을 전혀 모르는 사람 사이에 아무 차이도 없을 것이라고 아리스토텔레스는 올바르게 지적한다. 이렇게 해서 아리스토텔레스는 디나미스dynamis, 즉 잠재력이라는 자신의 개념을 도입하게 된다.

더 일반적으로 말하자면, 그 두 가지 형식의 유물론은 인간이 입수할 수 있는 두 가지 종류의 지식을 반영한다. 누군가가 어떤 것 – 지금 내가 이 서문을 쓰고 있을 때 세계를 휩쓸어 파괴하고 있는 코로나19 바이러스 같은 것 – 이 무엇인지 묻는다면, 우리는 그것이 무엇으로 이루어져 있는지 말

---

16. Aristotle, *Metaphysics*, trans. Joe Sachs, Santa Fe, Green Lion Press, 1999, Book Theta, Chapter 3. [아리스토텔레스, 『형이상학』, 김진성 옮김, 이제이북스, 2007.]

해주거나 아니면 그것이 무엇을 행하는지 말해줄 수 있을 것이다. 더 구체적으로, 우리는 코로나19가 동물에서 기원했을 것으로 추정되는 RNA 바이러스라고 말할 수 있거나, 또는 그 바이러스가 많은 인간에게 심각한 폐렴을 유발한다고 말할 수 있다. 하지만 이들 답변 중 어느 것도 코로나19의 의미를 망라하지 못한다. 왜냐하면 그 바이러스는 우리가 아직 있으리라고 알아채지 못한 수많은 다른 특성을 필시 갖추고 있을 것이기 때문이다. 더욱이, 설령 우리가 코로나19의 모든 특성을 알 수 있더라도, 그 특성들을 전부 나열함으로써 실제 바이러스가 만들어지지는 않을 것이다. 모든 사물에는 어떤 형태의 지식으로도 옮길 수 없는 무언가가 존재하고, 따라서 철학을 과학으로 전환하고자 하는 근대의 장기 프로젝트는 실패할 수밖에 없다. 소크라테스는 자신을 과학자가 아니라 무지한 탐구자로 여겼는데, 요컨대 그는 소피스트의 영역이었던 소피아sophia[앎]를 실천한 것이 아니라 필로소피아philosophia[앎에 대한 사랑]를 실천했다. 요약하면, 모든 형식의 유물론은 세계가 원칙적으로 세계에 관한 어떤 이론으로 완전히 모형화될 수 있다는 주장에 해당한다. 유물론이 직서주의literalism인 이유는 그것이, 행성 지구가 아무런 왜곡 없이 이차원 지도로 옮겨질 수 있는 것 — 이런 일은 불가능하다고 알려졌지만 말이다 — 처럼, 우리가 그저 세계에 관한 일련의 정확한 명제적 진술을 제시함으로써 세계를 이해할 수 있다고 주장하기 때문이다. 유물론 대신에 정작 우리에게 필요한 것은 형식론formalism, 즉 사물의 핵심에 숨어 있고 단지 간접적 수단으로만 접근할 수 있는 형상에 관한 이론이다.

그룹 2 : 관계의 희귀성

규칙 3 : 객체는 그것이 맺은 관계보다 그것이 맺지 않은 관계로 더 잘 알게 된다.

규칙 4 : 객체는 그것이 거둔 성공보다 인접한 실패로 더 잘 알게 된다.

그것이 다른 것들에 영향을 미치지 않는다면 그 어떤 것도 실재적임을 거의 인정하지 않는다는 의미에서 '관계적 존재론'으로 불릴 수 있는 어떤 철학들이 존재한다. 우리는 라투르의 ANT가 이들 철학 중 하나임을 이해했는데, 그 이유는 라투르가 사물은 그것이 "수정하거나, 변형하거나, 교란하거나, 생성하는" 것일 따름이라고 주장하기 때문이다.[17]

---

17. Bruno Latour, *Pandora's Hope : Essays on the Reality of Science Studies*, Cambridge, Harvard University Press, 1999, p. 122. [브뤼노 라투르, 『판도라의 희망 : 과학기술학의 참모습에 관한 에세이』, 장하원·홍성욱 책임번역, 휴머니스트, 2018.] 동사 형태가 내 문장의 맥락에 맞게 약간 수정되었다.

더 오래된 사례는 알프레드 노스 화이트헤드의 철학인데, 이 철학은 존재자를 분석할 가장 구체적인 방법은 그것의 "파악" — 화이트헤드에 따르면 관계를 뜻하는 것 — 을 살펴보는 것이라고 말한다. 아리스토텔레스가 반박한 메가라학파 역시 관계적 존재론으로 이해될 수 있는데, 그 이유는 그 학파 역시 존재자를 그것의 현행 행위들의 총합으로 환원하기 때문이다. 어쩌면 화이트헤드를 제외하고, 이들 관계적 사상가 중 누구도 관계를 어떤 전문적인 설명이 필요할 만큼 충분히 어려운 것으로 여기지 않는데, 화이트헤드의 경우에는 "영원한 객체"에 관한 매우 사변적인 논의가 이 소임을 다한다.[18]

ANT는 한정된 수의 관계를 맺고 있는 행위자에게 연민을 느끼는 경향이 있다. 이 학파가 보기에는 더 많은 동맹을 결성하는 것이 곧 성공을 뜻하는데, 존재자의 상대적인 독거 생활은 일반적으로 실패의 표식이다. 하지만 대다수 독자에게는 나쁜 동맹 같은 것이 명백히 존재하는 경우가 필시 나타날 것인데, 그런 경우에는 이득보다 손해를 끼치는 친구의 뒷받침에 의지하기보다 혼자 해내는 것이 더 좋았을 것이다. 네덜란드 동인도회사(이하 VOC)와 관련하여 이런

18. Alfred North Whitehead, *Process and Reality*, New York, Free Press, 1978. [알프레드 노스 화이트헤드, 『과정과 실재』, 오영환 옮김, 민음사, 2003.]

종류의 두드러진 사례가 존재한다. 그 기업의 운영은 멀리 떨어져 있는 암스테르담에서 이루어지기는커녕 오늘날 인도네시아와 말레이시아로 알려진 지역에서 주로 이루어졌다. 당대의 원시적인 통신 기술과 더불어 이렇게 떨어진 거리로 인해 네덜란드인들은 그 기업에 자치권을 부여하게 되었는데, 이를테면 그 기업의 독립적인 총독은 독자적인 VOC 군대로 전쟁을 벌이고 조약에 서명할 수 있는 권한을 부여받았다. VOC가 암스테르담과 바타비아[19] 사이의 장거리 왕복 항해에서 얻을 이익보다 아시아 내부 교역에서 얻을 이익이 더 많이 있는 상황을 일단 깨달은 후에는 선호하는 선박 유형도 대형 해양 선박에서 대체로 얕은 아시아의 하천 항구에 더 적합한 소형 선박으로 전환되었다. 마침내 VOC가 네덜란드 해군에 원주민의 공격으로부터 자신을 보호해 달라고 어쩔 수 없이 요청할 수밖에 없었을 때, 그 사태는 그 기업의 종언이 임박했다는 징조였다.

이런 발견 결과를 일반화하여 ANT는 자율성의 미덕에 대한 감각이 거의 없다고 말할 수 있다. 주지하는 바와 같이, 어떤 행위자가 다수의 강한 동맹자에 의지함으로써 강해지는 경우가 많이 있다. 그런데 고립과 순수가 악덕이기보

19. [옮긴이] 바타비아는 현재 인도네시아의 수도 자카르타를 가리키는 옛 이름이다.

다는 오히려 미덕인 경우도 있다. 이런 맥락에서 우리는 마이어의 이소적 종분화allopatric speciation에 관한 이론을 언급할 수 있는데, 이 이론에 따르면 원래 개체군의 나머지 부분과 지리적으로 고립되고 결국에는 생식적으로 고립되는 바로 그 이유로 인해 새로운 종이 형성된다. 어떤 종류의 여우가 여타 여우와 맺은 자신의 '동맹'을 유지할 수 있다면, 유전자 변이는 느리게 진행될 것이고, 따라서 여우의 새로운 종이 출현할 개연성이 꽤 낮을 것이다.

ANT와 관련된 또 하나의 문제는 그것이 실패를 낮추어 평가한다는 점이다. 이 이론이 보기에 힘겨루기에서 이기지 못하는 것은 비교적 애처로운 일이다. 하지만 이것은 존재자의 실패가 나타내는 적어도 세 가지의 중요한 양상을 무시한다. 우선 가장 명백하게도, 「초기 경력 실패와 미래 경력 영향」이라는 제목의 최근 논문에서 양 왕Yang Wang과 벤저민 F. 존스, 다슌 왕Dashun Wang이 주장한 대로,[20] 이른 시기에 겪는 실패가 학습 경험으로서 유익할 수 있는 사례들이 알려져 있다. 대체로 놀랍게도, 이들 저자는 최초 시도에 보조금을 지원받는 운이 좋은 청년보다 청년 보조금 신

---

20. Yang Wang, Benjamin F. Jones, and Dashun Wang, "Early-Career Setback and Future Career Impact," *Nature Communications*, vol. 10, article no. 4331, 2019, https://www.nature.com/articles/s41467-019-12189=3?te=1&nl=smater-living&emc=edit_sl_20200108에서 입수할 수 있음.

청에 조기 탈락한 청년이 종종 더 큰 노력을 기울여서 장기적으로 더 성공한다는 사실을 알아내었다. 둘째, 실패가 현재 환경 아래서는 쉽사리 꽃을 피우지 못할 것이지만 나름의 새로운 환경을 구축할 뛰어난 강점을 갖춘 독특한 개성이나 독창성의 징표인 경우가 종종 있다. 이런 사례는 영웅들의 연대기에 산적해 있다. 취리히 공과대학의 조교 신청에 탈락한 다음에 [스위스] 베른의 특허국 사무실에서 인간의 의식을 바꾸는 알베르트 아인슈타인, 또는 정신병원에서 일생을 마쳤고 자신의 획기적인 수학적 업적의 진가를 그 분야 자체가 진화한 이후에야 인정받은 게오르크 칸토어에 관해 생각하자. 또한, 실패의 세 번째 중요한 점으로서 실패 사례가 외부의 분석가에게 유용하다는 사실이 있다. VOC의 사례에서 우리는 그 기업이 인도의 코로만델 해안과 마카오에서 벌인 전투에서 당한 비통한 패배뿐만 아니라 중국과 일본에 대한 영향력을 확보하려다 실패한 노력을 검토함으로써 VOC에 관해 많이 알게 된다.

그룹 3 : 공생의 본질

규칙 5 : 사회적 객체를 이해하는 데 필요한 열쇠는 그것의 공생들을 찾아내는 것이다.

규칙 6 : 공생은 객체의 생애에서 비교적 일찍 발생할 것이다.

규칙 7 : 공생은 객체의 특질이 일단 확립되면 무한정 유연하지는 않다.

규칙 8 : 공생은 강한 유대로 성숙하는 약한 유대다.

'Symbiosis'[공생]라는 낱말은 명백히 그리스어에서 비롯되었고, 마찬가지로 명백하게 두 부분으로 이루어져 있다. 앞서 언급한 대로, 'bios'는 생물학적 삶이라기보다는 오히려 전기적 삶을 일컫는데, 그리하여 사회에 대한 부적절한 생물학적 비유라는 라투르의 이의 제기는 요점에서 벗어났다. 접두사 'sym-'[공共]은 두 요소가 함께 회집함을 뜻한다. 다만 이 사태가 결코 관계의 평등성을 수반하지는 않음을 알게 될 것이다.

그런데 관계에 대한 ANT의 모형보다 마굴리스의 공생 개념을 선호하는 이유가 무엇인지 물을 수 있을 것이다. 후자의 우수성은 어디에 있는가? 무엇보다도 그 개념은 어느 것이나 관여하는 중요하지 않은 관계와 중요한 관계를 구분하기 위한 강력한 도구를 제공한다. VOC가 바타비아에서 아랍 무역상과 단일 거래를 성사시킨다면, 이 거래로 인해 그 기업의 수익이 확연한 액수만큼 늘어날 것이지만, 총독이라는 직위를 신설함으로써 그 기업을 변화시키는 방식으로 변화시키지는 않음이 명백하다. 우리는, 모든 관계 또는 사건이 외부 세계에 영향을 미치지만 오로지 공생만이 그것에 관여하는 두 존재자 중 한 존재자 또는 두 존재자 모두에 내부적 영향을 미친다고 말할 수 있을 것이다. 둘째, 공생에는 어떤 사물이 전력을 쏟는 반면에, 관계에는 단지 피상적인 힘의 교환이 포함될 따름일 것이다. 셋째, 접두사 '공-'에도 불구하고 공생은 쌍방적으로 작용하기보다는 일방적으로 작용할 수 있는데, 그리하여 가능한 상호작용이 더 다양하게 나타나게 된다. 예를 들면, 뉴턴의 법칙은 태양이 내 몸을 잡아당길 때 그에 대응하여 나 자신도 태양을 끌어당긴다고 우리에게 가르쳐준다. 매우 공정하며, 그리고 이것이 관계가 통상적으로 의미하는 바인데, A가 B와 관계를 맺고 있다면 B 역시 A와 관계를 맺고 있다. 하지만 공생적 의미에서 살펴보면, 지구 동물로서의 내 삶은 태양이 제공하는 에너지가 없다면 생각할 수 없지만, 내가 우주에서 갑자기 사라지더라도 태양은 여전히 그럴 것이다. 이 쟁점은 다음 절에서 다시 논의될 것이다.

어쩌면 어떤 의미에서 한 존재자와 다른 한 존재자의 어떤 만남도 두 존재자 모두에 영향을 미치는 듯 보일 것이지만, 중요한 영향과 중요하지 않은 영향이 구분되었음을 잊지 말자. 이방인에게서 받은 모욕은 여러 시간 동안 우리를 화나게 할 것이고 심지어 향후 수십 년 동안 고통스러운 기억을 남길 수도 있는 반면에, 오로지 극단적인 경우에만 그런 사건이 삶을 바꾸는 공생에 해당할 것이다. 이런 사례는,

어쩌면 어린 시절에 들은 잊을 수 없는 발언으로 행동에 나서게 된 반인종주의 운동가의 경우에 그렇듯이, 확실히 있음 직하지만, 대다수의 경우에 모욕은 삶을 바꾸는 사건이 아니다. 이런 종류의 사건을 서술하기 위해 우리는, 창발과 공생이 엄밀히 같은 것은 아닐지라도, 창발적 존재자는 종종 자신의 부분들에 역행적 영향을 미친다는 마누엘 데란다의 관념을 참조할 수 있다.[21] 창발은 훨씬 더 일반적인 현상으로 두 존재자가 결합하여 제3의 존재자를 형성할 때마다 일어나고, 공생은 한 사물이 자신을 온전한 상태로 유지하면서 현존의 새로운 단계로 진입시키는 방식으로 다른 한 사물과 관계를 맺게 되는 사태를 수반한다. 이 상황은 한 사물이 겪을 수 있는 공생의 횟수가 한정된 이유를 이미 가리킨다. 우리는 단지 한정된 수의 사람, 장소, 또는 사물의 영향을 받을 뿐인데, 마치 각각의 존재자에 단지 소수의 '수용체'만 있기에 일단 채워지면 추가로 연결될 기회가 제한되는 것처럼 말이다. 전기적 견지에서 이런 사실은 중대한 만남이 중년이나 노년보다 청년의 특징인 이유를 설명하는

21. Manuel DeLanda, *A New Philosophy of Society: Assemblage Theory and Social Complexity*, London, Continuum, 2006. [마누엘 데란다, 『새로운 사회철학 : 배치 이론과 사회적 복합성』, 김영범 옮김, 그린비, 2019.] 데란다의 관점에 관한 후속 설명에 대해서는 Graham Harman, "DeLanda's Ontology: Assemblage and Realism," *Continental Philosophy Review* 4.3, 2008, pp. 367~83을 보라.

데 도움이 된다.

또한, 이제 마침맞게 약한 유대의 강함이라는 마크 S. 그래노베터의 관념을 소개하겠다.[22] 여기서 기본적인 통찰은, 강한 유대는 이미 극대화되었기에 우리를 새로운 상태로 이끌지 않는다는 것이다. 우리의 가족 및 친한 친구는 재정적 지원과 정서적 지원을 제공하고, 따라서 위급한 경우에 절대 필요하다. 하지만 대개 참신한 기회는 우리의 친밀한 내부 집단의 바깥에 있는 사람들에게서, 우연히 알게 된 사람과 직업상 접촉한 인물에게서 비롯된다. 때때로 약한 유대는 단지 무언가 다른 것에 이르는 다리로 이용될 수 있다. 예전에 나는 시카고에서 파티를 공동으로 주최했는데, 여기서 나 자신과 나의 룸메이트가 약한 유대 관계를 맺고 있던 두 사람 – 한 사람은 미국인이고 나머지 다른 한 사람은 프랑스인 – 이 만나서 사랑에 빠졌고, 급기야 가정을 꾸리게 되었다. 그 이후로 우리는 그들 중 누구와도 연락한 적이 없고, 따라서 우리가 그 둘과 맺은 약한 유대는 그 두 사람의 삶을 바꾸는 강한 유대로 빠르게 성장한 새로운 약한 유대로 그들을 이끈 다리에 불과한 것이었다. 약한 유대의 강함에 대한 또 하나의 사례는 비유적 언어가 종종 직서적 언어

22. Mark S. Granovetter, "The Strength of Weak Ties," *American Journal of Sociology*, vol. 87, no. 6, 1973, pp. 1360~80.

보다 훨씬 더 강하다는 사실인데, 일반적으로 후자가 더 강하고 더 설득력이 있지만 말이다.[23] "코로나19는 사스와 같다"라고 말하는 것은 매우 강한 유대인데, 그 이유는 그 두 질병이 유사한 종류의 코로나바이러스로 유발되기 때문이다. 그런데 어떤 기자가 그 대신에 "코로나19는 대중 국제항공 여행의 죽음을 알리는 교회 종과 같다"라고 말한다면, 그 연결 관계는 더 약하고 설득력이 덜하지만, 바로 그런 이유로 인해 우리가 설득을 당한다면 더 강력하다. 임레 라카토슈Imre Lakatos는 루돌프 카르납의 귀납주의적 공격에 맞서 칼 포퍼의 반증주의적 과학철학을 옹호하면서 유사한 주장을 제기한다. 스포츠 경기에 대한 내기는 단 하나의 팀에 배팅하기보다는 오히려 해당 경기에서 모두 승리하는 다수의 팀에 조합 배팅할 때 더 위험해지는 것이 사실이지만, 과학 이론은 관련 없는 다양한 것이 그 이론의 결과로 참이라는 점에 '배팅'할 때 신빙성이 더 있게 된다. 라카토슈가 서술하는 대로, "증거에 따른 뒷받침의 정도는 개연성이 아니라 비개연성에 비례한다."[24]

---

23. Graham Harman, *Object-Oriented Ontology : A New Theory of Everything*, London, Pelican, 2018, Chapter 2를 보라.
24. Imre Lakatos, *Mathematics, Science, and Epistemology : Philosophical Papers, Volume 2*, Cambridge, Cambridge University Press, 1978, p. 155, 강조가 제거됨. 후속 논의에 대해서는 Graham Harman "On Progressive and Degenerating Research Programs with Respect to Philosophy," *Re-*

그룹 4 : 반대의 경우는 마찬가지가 아니다.

규칙 9 : 공생은 비호혜적이다.

규칙 10 : 공생은 비대칭적이다.

모든 언어에서 '호혜성'과 '대칭성'은 때때로 동의어로 사용된다. 하지만 객체지향 사회 이론에서는 그 두 낱말이 꽤 엄밀한 기술적 의미에서 다른 것으로 규정된다. 호혜적 관계를 언급할 때, 우리는 A가 B와 관계를 맺고 있다면 B 역시 A와 관계를 맺고 있는 상황을 염두에 둔다. 이 상황은 "모든 작용에 대해서 크기가 같고 방향이 정반대인 반작용이 존재한다"라는 뉴턴의 진술에 해당할 뿐만 아니라 ANT 같은 이론에도 해당하는데, 그 이유는 모든 행위자가 자신의 행위에 의해 전적으로 규정되기에 한 행위자가 다른 한 행위자에 영향을 미치면 전자 역시 후자에 의한 영향을 받을 수밖에 없기 때문이다. 그런데 비호혜적 관계에 대한 일례는 앞서 이미 인용되었다. 중력 이론에 따르면 태양이 나를 끌어당기는 것과 꼭 마찬가지로 나 자신도 태양을 끌어당긴다는 점이 사실일 것이지만, 존속에 관한 물음을 살펴보면 생명체로서의 나의 현존은 태양에 전적으로 의존하는

---

vista Portuguesa de Filosofia 75.4, 2019, pp. 2067~2102를 보라.

한편으로 그 반대의 경우는 성립하지 않음이 명백해진다. 접두사 '공-'이 상호 의존이라는 의미를 품고 있음에도 공생 관계는 언제나 비호혜적이다. 예를 들면, 카이로라는 도시는 나 자신의 삶에서 핵심적인 공생 중 하나로서 나를 돌이킬 수 없게 바꾸었다. 한편으로 그 반대 방향으로는 상황이 다름이 확실한데, 그 이유는 내가 그 수천 년 된 이집트의 대도시에 차이를 도저히 만들어낼 수 없었기 때문이다. 많은 공생이 두 당사자에 대등하게 영향을 미친다는 것은 사실인데, 이를테면 결혼이 한 가지 예이고, 마이크로소프트의 빌 게이츠와 폴 앨런의 경우처럼 동업자 관계가 또 다른 예일 것이다. 그런데 이 경우에 실제로 진행 중인 일은 동시적이지만 서로 다른 두 가지의 공생이다. 요컨대 게이츠가 앨런에게 미치는 영향은 앨런이 게이츠에게 미치는 영향이 아닌데, 두 영향이 모두 강력하지만 말이다.

"대칭성"이라는 전문 용어의 의미는 OOO에 핵심적인 객체와 성질의 분열과 관련되어 있다. 데이비드 흄의 철학에서 나타나는 것이라면 무엇이든 대칭적 관계의 극단적인 일례일 것이다.[25] 흄의 경우에, 정의상, 두 "객체" 사이의 관계는 사실상 두 "성질들의 다발" 사이의 관계일 뿐인데, 그 이

25. David Hume, *An Enquiry Concerning Human Understanding*, ed. Tom L. Beauchamp, Oxford, Oxford University Press, 1999. [데이비드 흄, 『인간의 이해력에 관한 탐구』, 김혜숙 옮김, 지만지, 2012.]

유는 흄이 나무나 새 같은 객체는 존재하지 않고 빈번하게 함께 나타나는 성질들의 다발들만 존재할 뿐이라고 생각하기 때문이다. 그러므로 흄의 철학에서는 모든 관계가 성질들 사이의 관계이고, 따라서 모든 관계는 대칭적이다. OOO의 경우에는 상황이 얼마나 다른가! 비유의 사례가 보여주는 대로, 호메로스의 "포도주 빛깔의 짙은 바다"라는 표현은 바다가 객체의 역할을 수행하는 한편으로 포도주는 성질들을 제공하는 비대칭적 관계다. 그저 정반대의 비유를 시도하여 무슨 일이 일어나는지 살펴보자. '바다 빛깔의 짙은 포도주'라는 표현 역시 유효한 비유지만, 무언가 매우 다른 것을 뜻함이 분명하다. 이런 점에서 공생은 비유와 닮았다. VOC가 자신의 수도 바타비아 또는 나중에 말라카해협과 공생을 이룰 때, 그 기업은 이들 존재자에서 성질들을 끌어냄으로써 자신의 성질을 변화시킬 뿐만 아니라 자신의 바로 그 실체도 변화시킨다.

그룹 5 : 객체의 탄생과 죽음

규칙 12 : 객체의 탄생은 호혜적이면서 대칭적이다.

규칙 13 : 객체의 죽음은 그것이 맺은 유대가 지나치게 강한 데서 기인한다.

공생은 비호혜적이고 비대칭적인 형식의 관계라고 방금 규정되었지만, 객체의 탄생에 대해서는 정반대의 규정이 성립한다. 새로운 객체가 탄생하는 데 필요한 것은 오로지 한 가지 이상의 공유 성질을 통한 연계일 뿐인데, 이를테면 어떤 리그에 속하는 모든 팀은 야구 경기의 기능으로 결합하거나, 또는 코로나19 감염 벡터에 있는 모든 사람은 동일한 시점에서의 물리적 접촉으로 연계된다. 달리 진술하면, 객체의 탄생은 언제나 직설적인데, 이것은 OOO의 관점에서 바라보면 어떤 사물의 단순한 탄생이 언젠가는 일어나는 그 사물의 공생보다 덜 중요함을 뜻한다. 많은 객체가 탄생하지만, 변환되는 것은 거의 없다. 동물 탄생과 더불어 얼마나 극적인 변화가 일어나는지를 참작하면 이 논점은 반직관적인 것처럼 들릴 것이다. 이런 느낌에 대해 나는 이렇게 대응할 것이다. 모체로부터 한 생명체가 출현하는 것은 그 생명체의 현존에서 이미 꽤 늦은 단계이고, 게다가 육체적 탄생은 기술적인 OOO 의미에서의 '탄생'이라기보다는 오히려 갓 태어난 동물과 외부 세계의 공생으로 더 잘 해석된다고 말이다.

이로부터 우리는 어떤 객체가 죽는 가장 단순한 방식을 이해할 수 있는데, 요컨대 그 객체는 결코 어떤 공생도 형성하지 못하고, 따라서 한낱 여러 조각의 직설적인 덩어리에 불과한 것으로 남게 된다. 그런데 더 관심을 끄는 종류의 죽음은 변형적인 공생적 연결 관계로 가득 찬, 실제로 흥미로운 생애를 보낸 객체를 무너뜨리는 그런 종류의 죽음이다. 이런 사태는 객체의 공생들이 지나치게 강하고 직설적인 것이 될 때 발생한다. 네덜란드 동인도회사의 경우에는 그 기업이 육두구와 메이스, 정향[26]과 맺은 공생적 유대가 매우 효율적이고 지나치게 확고해져서 그 기업은 네덜란드 해양 제국보다 영국 해양 제국과 더 강하게 연계된 커피와 차, 초콜릿에 대하여 증가하는 시장 수요에 대처할 수 없게 된다. 모든 객체는 직설적인 유대의 형태로 탄생하고, 직설적이지 않은 약한 유대를 통해서 강해지며, 이들 유대가 너무 직설적이고 너무 강해질 때 죽는다.

그룹 6 : 성숙과 쇠퇴

규칙 14 : 객체의 성숙은 그것의 공생이 팽창하는 데서 비롯된다.

규칙 15 : 객체의 퇴락은 그 공생들의 정형화에서 비롯된다.

이렇게 해서 사회적 객체의 생애에서 주요한 시기 중 아

26. [옮긴이] 육두구와 메이스, 정향은 대표적인 향신료로서 동인도 지역에서 주로 생산되었다.

직 논의되지 않은 것은 단 하나만 남게 된다. 일단 어떤 객체가 이루는 대략 여섯 번의 공생이 완결되면 그 객체는 성숙 단계에 이르렀다고 한다. VOC의 특질은 일찍이 1625년에 그 기업이 암스테르담을 오가는 장기적인 왕복 항해라기보다는 오히려 아시아 내부 교역을 향해 운영 방향을 재조정함으로써 거의 정해졌다. 단 하나의 공생이 더 남아 있었는데, 1641년에 뒤늦게 말라카를 정복함으로써 네덜란드인들은 옛 아랍과 중국의 교역로를 방대한 단일 네트워크로 다시 통합할 수 있게 되었다. 이렇게 해서 VOC는 역사가들에게 알려진 존재자로서 인정받게 되었고, 그때부터 150년 후에 그 회사가 사라질 때까지 그 기본적인 형태는 그대로 유지되었다. 이제 초점은 그 기업의 내부 변환에서 주변 환경과의 관계로 이동한다. 육두구와 메이스, 정향의 무역에 대한 그 기업의 세계 독점권은 이제 확고하고, 그것의 지리적 범위는 이제 최대한 확립되었으며, 그것의 거대한 미래 경쟁자 — 영국 동인도회사 — 는 VOC보다 조금 더 일찍 설립되었음에도 여전히 발판을 찾아내려고 애쓰고 있다. VOC는 이제 자체 운영의 효율성을 높이고 지속하는 걸림돌을 제거하는 데 집중하게 된다. 놀랍지 않게도, 이 시기는 그 기업의 현존에 있어서 가장 막대한 자체 수익을 올리는 단계에 해당한다.

그런데 공생의 최대 효율성이 선물이라기보다는 부담

이 되는 시점이 언제나 나타나게 된다. 프랑스인들이 카리브해 지역에서 훌륭한 향신료를 재배하기 시작함으로써 왕년의 네덜란드 독점권과 그 터무니없는 가격 인상 정책의 기반이 약화하게 되었다. 앞서 언급한 대로, 유럽인들의 취향이 영국인 수입업자들의 특산품인 커피와 차, 초콜릿으로 바뀐다. 인도가 동인도보다 더 중요한 지역이 되고, 영국인들이 인도에 자리를 잡고서 인도를 정복하고자 하는 가여울 정도로 부적절한 네덜란드인들의 시도를 쉽게 저지한다. VOC가 부기스족의 지도자 라자 하지Raja Haji의 국지적 공격을 저지하기 위해 네덜란드 해군의 도움을 필요로 하는 1784년에 그 기업의 네덜란드와의 유대까지도 지나치게 강해진다. 그리하여 나폴레옹이 네덜란드를 정복할 때 VOC는 죽음에 이르게 된다. 요약하면, 성숙한 객체는 약한 유대를 강한 유대로 전환함으로써 더 강하게 되고, 그다음에 이들 강한 유대가 환경이 변화함에 따라 부담이 되면서 약해진다.

객체, 관계, 공생, 약한 유대와 강한 유대, 탄생, 성숙, 퇴락, 그리고 죽음이라는 모든 다양한 범주에 관해 말할 것이 훨씬 더 많이 있다. 예를 들면, 나의 이란인 예술가 친구 에르판 기아시Erfan Ghiasi는 이들 다양한 관계가 모두 나의 이전 저작의 독자들에게 친숙한 사방四方 다이어그램으로 아직 옮겨지지 않았다고 지적했다.[27] 해야 할 일이 여전히 많이 있다. 그런데 나는 『비유물론』에서 제시된 경로가 ANT의 약점을 효과적으로 처리하면서 ANT의 통찰을 편입하기 위한 올바른 것이라고 확신한다. 지금까지 내가 저술한 모든 책 중에서 『비유물론』이 내가 가장 애호하는 책인데, 내가 결코 만난 적이 없는 저자에게서 나 자신이 배우고 있다는 느낌을 품고서 거듭해서 읽을 수 있는 유일한 책이다.

2020년 3월 16일

그레이엄 하먼

---

27. Graham Harman, *The Quadruple Object*, Winchester, Zero Books, 2011. [그레이엄 하먼, 『쿼드러플 오브젝트』, 주대중 옮김, 현실문화, 2019]을 보라.

1부 비유물론

1. 객체와 행위자
2. 이중 환원하기의 위험
3. 유물론과 비유물론
4. 행위자-네트워크 이론을 발전시키려는 시도
5. 물자체

1부 비유물론

이 책은 객체를 다룰 뿐만 아니라 객체의 사회 이론과의 관련성도 다룬다. [이 책의 원서를 출간한] 폴리티 출판사의 '이론의 귀환' 총서에 속하는 단행본은 간결하도록 계획되어 있기 때문에 나는 일부 독자가 중요하다고 여길 것을 많이 생략해야만 했다. 미셸 푸코와 니클라스 루만 같은 영향력이 있는 이론가들은 적어도 간단하게나마 거론되지만, 로이 바스카와 마누엘 데란다(둘 다 개인적으로 선호하는 인물)에 관한 글은 최종 편집 과정에서 완전히 빠져 버렸다. 그 대신에, 이 책의 1부는 행위자-네트워크 이론Actor-Network Theory, ANT과 새로운 유물론New Materialism에 집중할 것이다. 내가 ANT를 1900년의 현상학 이후로 나타난 가장 중요한 철학적 방법으로 여기는 한편으로, 새로운 유물론은 나 자신의 관점, 즉 객체지향 존재론OOO과 가장 흔히 혼동되는 현대 사상이다.

ANT가 객체를 다룬 이력은 단연코 복합적이다. 어떤 의미에서 ANT는 누가 요구하더라도 문제가 없을 정도로 많은 객체를 사회 이론에 이미 편입한다. ANT는 그것이 행위를 실행하기만 한다면 무엇이든 실재적이라고 여기는 평평한 존재론을 제시하는데, 이것은 초음파 제트기, 야자나무, 아스팔트, 배트맨, 사각형 원, 이빨 요정, 나폴레옹 3세, 알-파라비, 힐러리 클린턴, 오데사라는 도시, 톨킨의 리븐델Rivendell이라는 가공의 장소, 구리 원자, 절단된 동체, 얼룩

말과 영양의 혼합 무리, 개최되지 않은 2016년 시카고 하계 올림픽, 그리고 전갈자리라는 별자리에 동등한 최초 무게를 부여하는 엄청나게 넓은 기준이다. 그 이유는 그것들이 모두 객체라는 점에서 동등하기 때문인데, 아니 오히려, 모든 것이 행위자라는 점에서 동등하기 때문이다. OOO는 객체에 대해서 ANT보다 더 포괄적일 가능성은 거의 없으며, 몇 가지 측면에서는 훨씬 덜 포괄적이다. 하지만 어떤 의미에서 ANT는 객체를 완전히 놓치는데, 그 이유는 ANT가 객체를 그것의 행위로 환원하면서 사물 속에 숨은 어떤 심연도 없애 버리기 때문이다. 결국은 당신이나 나나 기계나 자신이 현재 행하고 있는 바에 불과한 것은 아닌데, 그 이유는 각자 쉽사리 다르게 행동하고 있을 수 있거나, 아니면 전적으로 다른 것이 되지 않은 채로 그냥 누워서 잠자고 있을 수 있기 때문이다. OOO는 객체를 (ANT의 경우처럼) 그것이 행하는 바에 관한 서술로 대체하거나, 또는 (전통적 유물론의 경우처럼) 그것을 구성하는 것에 관한 서술로 대체하는 대신에, '객체'라는 용어를 사용하여 그 구성요소로도 바꿔 말할 수 없고 그 효과로도 바꿔 말할 수 없는 존재자를 가리킨다.

객체지향 사회 이론에 대한 탐색은 객체지향 철학의 관심사로 인해 고무된다.[1] 이 철학의 첫 번째 가설은, 모든 객체가 동등하게 실재적이지는 않더라도, 객체들은 모두 객체라는 점에서 동등하다는 것이다. 여기서 우리는 실재적real 객체의 자율성과 자신을 마주치는 어떤 존재자에 대한 감각적sensual 객체의 의존성을 구분해야 한다.[2] 이런 점에서 객체지향 철학은, 세계 속에서 작용하거나 차이를 만들어 내는 모든 것에 동등한 강함을 부여하지는 않더라도 동등한 실재성을 부여하는 유사한 이론들과 다른데, 이들 이론에 대한 두 가지 좋은 사례는 브뤼노 라투르의 철학적 관점[3]과 훨씬 뒤에 제시된 레비 브라이언트의 철학적 관점[4]이 있다. 라투르만큼 넓은 존재론적 그물을 펼치는 사회이론가들을 거명하기는 어렵지 않은데, 뒤르켐의 경쟁자 가브리엘 타르드가 즉시 떠오른다.[5] 하지만 객체지향 철학은 모든 규모의 객체를 동등하게 다루고 각각의 객체를 자신의 관계와 성질, 작용을 넘어서는 잉여물로 여기는 반면

---

1. Graham Harman, *Towards Speculative Realism : Essays and Lectures*, Winchester, Zero Books, 2010, pp. 93~104.
2. Graham Harman, *The Quadruple Object*. [그레이엄 하먼, 『쿼드러플 오브젝트』.]
3. Bruno Latour, *The Pasteurization of France*, trans, A. Sheridan and J. Law, Cambridge, Harvard University Press, 1988.
4. Levi R. Bryant, "The Ontic Principle," *The Speculative Turn : Continental Materialism and Realism*, eds. Levi R. Bryant, Nick Srnicek, and Graham Harman, Melbourne, re.press, 2011, pp. 261~78.
5. Gabriel Tarde, *Monadology and Sociology*, trans. T. Lorenc, Melbourne, re.press, 2012. [가브리엘 타르드, 『모나돌로지와 사회학』, 이상율 옮김, 이책, 2015.]

에, 타르드는 존재자들의 가장 작은 "모나드" 층위에 특권을 부여하고, 라투르는 객체에 자신의 효과 이상의 실재성을 부여하기를 꺼린다.[6]

훌륭한 이론은 서로 다른 종류의 존재자들을 궁극적으로 구분해야 한다. 하지만 이런 구분은, 이쪽에는 인간이 있고 저쪽에는 여타의 것이 있는 선험적인 근대적 분할에서 흔히 나타나는 대로 사전에 밀수하기보다는 오히려 획득해야 한다.[7] 바로 이것이 객체지향 접근법이 바람직한 이유에 관한 물음에 대한 답인데, 요컨대 훌륭한 철학 이론은 아무것도 배제하지 않으면서 시작해야 한다. 한편으로, 철학을 전적으로 회피한다고 주장하는 사회 이론의 경우에, 그 이론은 중립적인 경험적 현장연구라는 구실 아래 가려진 평범한 철학을 어김없이 제시한다.

객체지향 접근법이 새로운 것인지에 관한 물음과 관련하여, 어쩌면 처음에는 사회 이론에서 객체라는 주제가 친숙한 주류 의제인 것처럼 보일 것이다. 단지 엄밀한 의미에

6. Graham Harman, "On the Supposed Societies of Chemicals, Atoms, and Stars in Gabriel Tarde," *Savage Objects*, ed. Godofredo Pereira, Lisbon, INCM, 2012, pp. 33~43과 *Prince of Networks: Bruno Latour and Metaphysics*, Melbourne, re.press, 2009 [그레이엄 하먼, 『네트워크의 군주 : 브뤼노 라투르와 객체지향 철학』, 김효진 옮김, 갈무리, 2019]를 각각 보라.

7. Bruno Latour, *We Have Never Been Modern*, trans. Catherine Porter, Cambridge, Havard University Press, 1993. [브뤼노 라투르, 『우리는 결코 근대인이었던 적이 없다』, 홍철기 옮김, 갈무리, 2009.]

서의 ANT뿐만 아니라, 한 분과학문으로서의 과학학도 비인간 요소들을 자신의 사회상에 통합하려고 지금까지 최선을 다했음이 명백하다. 카린 크노르 세티나는 객체에 관하여 할 말이 많은데,[8] 비록 크로노 세티나의 주요 관심사는 그 자신이 "지식 객체"라고 부른 것, 즉 일반적으로 인간의 접촉을 벗어나 존재하기보다는 인간의 돌봄을 받는 객체들이지만 말이다. 『객체와 물질』이라는 유용한 라우틀리지 Routledge 선집의 다음과 같은 홍보용 소개문도 살펴보자.

> 인문학과 사회과학 전체에 걸쳐, 실천, 객체매개적 관계, 비인간 행위주체성, 그리고 인간 사회성의 정동적 차원에 주목함으로써 사회적인 것에 관해 심사숙고해야 한다는 점이 널리 수용되고 있다.[9]

이 인용문은 객체에 오로지 두 가지 기능만을 할당하는 최근의 추세를 전형적으로 반영한 글이다. 첫째, 객체는 '관계를 매개한다'는 주장인데, 요컨대 객체가 매개하는 것은 인간들이 서로 맺는 관계라는 점을 함축한다. 둘째, 객체는

---

8. Karin Knorr Cetina, "Sociality with Objects : Social Relations in Postsocial Knowledge Societies," *Theory, Culture & Society*, vol. 14, no. 4, 1997, pp. 1~30.
9. Penny Harvey et. al. (eds.), *Objects and Materials : A Routledge Companion*, London, Routledge, 2013.

'행위주체성'을 갖추고 있다는 주장인데, 요컨대 객체는 그것이 어떤 종류의 행위에 관여할 때 중요함을 의미한다. 이것들은 ANT와 관련 학파들이 물려준 외관상 친親객체적인 두 가지 통찰이다. 이들 통찰의 칭찬할 만한 목표는, 사회를 그 속에서 인간이 모든 행위를 수행하고 객체는 인간의 심적 범주나 사회적 범주를 담는 수동적인 그릇에 불과한 자기충족적인 영역으로 여기는 낡은 전통적 관점에서 우리가 벗어나게 하는 것이었다.

그러나 이런 두 가지 핵심 논점은, 이전에 제시된 것과 대비하여 환영할 만한 것이기는 하더라도, 최근 이론들이 충분히 멀리 밀어붙이지 않은 바로 그런 논점이다. 객체가 관계를 매개한다고 말하는 것은, 인간 사회는 동물 무리와 달리 벽돌담과 철조망, 결혼반지, 계급, 직위, 동전, 의상, 문신, 영업 면허증, 학위증 같은 비인간 객체들로 크게 안정화된다는 중요한 주장을 제기하는 것이다.[10] 이 논점이 여전히 놓치고 있는 것은 우주 속 대다수의 관계가 인간을 포함하지 않는다는 점인데, 어쨌든 인간은 한 평범한 태양 근처에 자리 잡은 평균 규모의 행성에 거주하는 무명의 존재자일 뿐이고, 게다가 그 태양은 한 평범한 은하의 가장자리 근

10. Bruno Latour, "On Interobjectivity," trans. G. Bowker, *Mind, Culture, and Activity: An International Journal*, vol. 3, no. 4, 1996, pp. 228~45.

처에 있는 천억 개의 항성 중 하나일 따름이다. 인간이 존재하지 않을 때도 객체들이 상호작용한다는 사실을 무시한다면, 주체-객체 분열을 극복했다고 아무리 떠들썩하게 자랑하더라도, 우리는 우주의 절반을 인간 거주용으로 부당하게 요구하는 셈이 된다. 참으로 친객체적인 이론은 인간이 직접 개입되지 않은 객체들의 관계를 인식해야 한다. 그리하여 이제 객체의 행위주체성에 관한 여전히 논란이 많은 논점에 이르게 된다. 객체가 행위주체성을 갖추고 있는 점에 대해 높이 평가하든, 아니면 객체는 어떤 행위주체성도 갖추고 있지 않다고 자신만만하게 단언하든 간에, 우리는 행위를 취하고 있지 않을 때의 객체가 무엇인지에 관한 물음을 간과한다. 객체를 오로지 행위자로 여기는 것은, 사물은 행위를 실행하기에 존재하기보다는 오히려 존재하기에 행위를 실행한다는 점을 무시하는 것이다. 객체는 자신의 힘을 비축한 채로 잠자는 거인이고, 게다가 자신의 에너지 전부를 한꺼번에 쏟아내지 않는다.

이 책의 독자가 OOO에 몹시 친숙하다고는 가정할 수 없기 때문에 이전에 출판된 내 저작의 독자에게는 이미 알려진 몇 가지 논점을 이제 반복해야 할 것이다. 가장 보채는 OOO 전문가조차도 놀라게 할 수 있는 새로운 국면을 나중에 덧붙일 시간은 충분히 남을 것이다.

1부 비유물론

1. 객체와 행위자
2. 이중 환원하기의 위험
3. 유물론과 비유물론
4. 행위자-네트워크 이론을 발전시키려는 시도
5. 물자체

사물에 관해서는 오로지 두 가지 기본적인 종류의 지식이 있을 뿐인데, 우리는 사물이 무엇으로 구성되어 있는지 설명할 수 있거나, 또는 사물이 무엇을 행할 수 있는지 설명할 수 있다. 그런 지식이 치러야 하는 불가피한 대가는, 어떤 사물을 바꿔 말한 것을 그 사물 자체의 대용품으로 사용한다는 점이다. 우리가 언급하는 것이 시詩든 회사든 양성자든 우편함이든 간에, 문학비평가들이 오래전부터 알고 있듯이, 객체를 그 구성요소나 효과에 대한 설명으로 대체하려고 할 때는 무언가가 변하게 된다.[1] 전문용어로 서술하면, 어떤 객체를 다른 것으로 바꿔 말하려는 시도는 항상 그 객체를 아래로 환원하기undermining, 위로 환원하기overmining, 아니면 이중 환원하기duomining에 해당한다.[2]

우리가 어떤 객체를 그것을 구성하는 더 작은 요소들로 설명한다면, 그 객체는 하향 전환을 거쳐 아래로 환원된다. 서양 과학은, 고대 그리스의 소크라테스 이전 사상가들이 중·대규모 존재자들의 구성을 설명하는 근본적인 뿌리를 찾아내려고 열망하면서 아래로 환원하기를 시도한 데서 탄생했다. 현존하는 사물들은 모두 물이나 공기, 불, 원자,

---

1. Cleanth Brooks, *The Well Wrought Urn : Studies in the Structure of Poetry*, Orlando, Harcourt, Brace & Co., 1947을 보라.
2. Graham Harman, "Undermining, Overmining, and Duomining : A Critique," *ADD Metaphysics*, ed. J. Sutela, Aalto, Aalto University Design Research Laboratory, 2013, pp. 40~51.

수, 무형의 덩어리, 또는 전혀 다른 무언가로 구성되어 있는가? 아래로 환원하기는 지금까지도 물리학의 지배적인 방법이지만, 근본 입자들의 언어로 작업하지 않는 사회 이론에서는 덜 일반적인 방법이다. 한 가지 놀라운 반례는 타르드인데, 그는 더 큰 복합적 존재자를 그 자체로 형성하기보다는 단일한 지배적 모나드 아래 결집함으로써만 더 큰 존재자를 형성하는 매우 작은 모나드적 실체에 근거하여 자신의 사회학을 정립한다.[3] 또한, 다이애나 쿨과 사만다 프로스트의 획기적인 새로운 유물론 선집에서 나타난 대로, 인간은 자신의 배경 조건에 의존한다는 점을 그 선집의 저자들이 강조할 때에도 아래로 환원하기가 일어난다. "우리의 실존은 무수한 미생물과 다양한 고등 종, 흐릿하게 이해된 인간의 신체 및 세포 반응과 무정한 우주의 운동, 우리 환경에 거주하는 물질적 인공물과 자연적 물건에 매 순간 의존한다."[4] 아래로 환원하기와 관련된 문제는, 그것이 객체가 자신의 구성 부분과 역사로부터 상대적으로 독립되어 있는 사태, 즉 창발로 더 잘 알려져 있는 현상을 설명할 수 없다는 것이다. 객체는 정확히 배치된 자신의 원자들과 동

3. Graham Harman, "On the Supposed Societies of Chemicals, Atoms, and Stars in Gabriel Tarde," *Savage Objects*.
4. Diana Coole and Samantha Frost (eds.), *New Materialism : Ontology, Agency, and Politics*, Duham, Duke University Press, 2010, p. 1.

일하지 않은데, 그 이유는 어떤 한계 안에서 이들 원자는 객체 전체를 변화시키지 않으면서 대체되거나 제거되거나 이동될 수 있기 때문이다. 또한, 객체는 자신의 환경에서 받게 되는 영향들과도 동일하지 않은데, 그 이유는 이들 영향 중 일부는 결정적인 것으로 판명되는 한편으로 다른 것들은 여전히 아무 효과도 미치지 않기 때문이다. 로마와 아테네, 이스탄불은, 철저한 인구 교체와 근본적인 문화적 및 하부구조적 변화에도 불구하고, 어쩌면 고대 시대와 마찬가지의 도시일 것이다. 객체는 자신의 구성요소들 이상의 것이기에 하향 전환의 방식으로는 성공적으로 바꿔 말해질 수 없다.

그러나 인문학과 사회과학에 대한 더 큰 위험은 위로 환원하기라는 정반대의 조작이다. 이 경우에는 객체를 그것의 근본적인 최소 부분들과 대비하여 피상적인 것으로 여기기보다는 오히려 그것의 가시적인 특성이나 효과와 대비하여 불필요하게 깊거나 유령 같은 가설로 여긴다. 18세기 경험론은 객체란 성질들의 다발에 지나지 않음을 말해주는 한편으로, 현대 사상가들은 객체란 그 관계들이나 식별 가능한 행위들에 지나지 않는다고 말한다. 라투르는 위로 환원하기의 사상가 중 현재 가장 자극적인 인물임이 확실한데, 이를테면 다음과 같은 그의 대범한 주장에서 확연히 드러난다. "행위자를 규정하려면 그것의 행위를 통해서 규정하는 것밖에 다른 방법이 없고, 게다가 행위를 규정하려면 어떤 다른 행위자들이 수정되거나 변형되거나 교란되거나 생성되는지 묻는 것밖에 다른 방법이 없다."[5] 위로 환원하기와 관련된 문제는, 그 조작으로 인해 객체는 자신이 수정하거나 변형하거나 교란하거나 생성하는 모든 것을 넘어선 잉여 실재가 허용되지 않는다는 것이다. 이런 식으로 ANT는 무의식적으로 고대 메가라학파의 주장을 반복하는데, 메가라학파는 현재 집을 짓고 있지 않은 사람은 그 누구도 주택 건축자가 아니라고 주장했으며, 이 주장은 『형이상학』에서 아리스토텔레스에게 반박을 당했다.[6] 그 이유는, 객체가 현재 세계에서 나타나는 표현에 지나지 않는 것이라면 그것은 뒤이은 시간에 어떤 다른 일도 행할 수 없을 것이기 때문이다. 어떤 '되먹임 고리'도 사물 속에 남아 있는, 그 사물의 관계들을 넘어선 여분에 대한 필요성을 대체할 수는 없는데, 그 이유는 어떤 객체가 감수성이 없다면 그것은 되먹임을 흡수할 수도 없고 되먹임에 반응할 수도 없기에 객체는 자신이 현재 취하는 행위 이상의 것이어야 하기 때문이다. 객체는 자신의 구성요소들 이상의 것이라는 점을 이해하게 된 것과 꼭 마찬가지로, 우리는 이제 객체는 자신의 현재 행위들 이하의 것이라는 점도 알게 된다. 현재 검정 스웨터를 입

5. Bruno Latour, *Pandora's Hope*, p. 122. [브뤼노 라투르, 『판도라의 희망』.]
6. Aristotle, *Metaphysics*, Chapter 6. [아리스토텔레스, 『형이상학』.]

고서 플로리다 대학 도서관에서 이 글을 작성하고 있는 저자 하먼은 너무나 특정적이어서, 자신이 원할 때마다 스웨터를 벗을 수 있고 다음 일요일에 플로리다를 떠날 하먼일 수가 없다.

아래로 환원하기 전략과 위로 환원하기 전략을 별개로 마주치는 일은 드물다. 일반적으로 그 두 전략은 결합하여 서로 강화하는데, 이런 양면적 전환은 이중 환원하기로 알려져 있다.[7] 서양에서 이중 환원하기 전략을 최초로 실행한 철학자는 파르메니데스인데, 그는 이쪽에는 단일한 통합적 존재자가 있고 저쪽에는 의견과 외양의 허위적 연출이 있는 이중 우주를 주창했다. 모든 것은 단지 통일된 심연이거나 아니면 단지 다채로운 표면일 뿐이었는데, 진정한 개별적 사물을 위한 중간의 여지는 전혀 없었다. 다른 한 사례는 몇 가지 형태의 과학적 유물론에서 찾아볼 수 있는데, 이들 이론이 근본 입자, 장, 끈, 또는 중간 규모의 "물질"을 우주의 근본적 층위로 여길 때에는 가차 없이 아래로 환원하지만, 한편으로 수학이 그 진정한 층위의 1차 성질들을 망라할 수 있다고 주장할 때에는 가차 없이 위로 환원한다.[8]

---

7. Graham Harman, "Undermining, Overmining, and Duomining : A Critique," *ADD Metaphysics*.
8. Quentin Meillassoux, *After Finitude*, trans. Ray Brassier, London, Continuum, 2008 [퀑탱 메이야수, 『유한성 이후』, 정지은 옮김, 도서출판b, 2010]을 보라.

아래로 환원하기와 위로 환원하기, 이중 환원하기는 세 가지 기본적인 지식의 형식이고, 게다가 이런 이유로 인해 인간 생존이 그런 지식을 획득하는 것에 따라 결정된다는 점에서 그 전략들은 회피할 수 없게 된다. 하지만 일부 분과학문은 여전히 상당한 인지적 가치를 지니고 있더라도 지식의 형식은 아니다. 예술 작품과 건축 작품은 우리가 그런 작품을 그것의 물리적 구성요소들로 아래로 환원하거나 그것의 사회·정치적 효과들로 위로 환원한다면 제대로 이해될 수 없는데, 이들 분과학문 안에서도 바로 그런 일을 행하려는 시도가 종종 이루어지지만 말이다. 이들 작품에는 양방향으로의 환원에 저항함으로써 모든 지식을 구성하는 문자적 표현에 역행하는 무언가가 존재한다.[9] 소크라테스 이전 철학자들로 시작한 것이 아니라, 나는 아무것도 모르고 나는 누군가의 선생이었던 적이 결코 없었다는 소크라테스의 진솔한 단언과 더불어 모든 것에 대한 어떤 특정한 정의도 도대체 수용하기를 끊임없이 거부하는 그의 태도로 시작한 철학의 경우에도 마찬가지다. 모든 이론이 자신의 독자적인 조건에 관해 철학적으로 성찰하는 경향이 있는 한, 이론은 사물의 궁극적 불가지성과 자율성을 사물에 관한 고찰 속

9. Graham Harman, *The Third Table/Der dritte Tisch*, Documenta (13) Notebooks series, ed. K. Sauerländer, German version trans. B. Hess, Ostfildern, Harje Cantz Verlag, 2012.

에 집어넣어야 한다. 다시 말해서, 모든 이론의 철학적 토대는 지식의 형식일 수가 없고, 오히려 더 미묘하고 더 간접적으로 세계를 다루는 방법이어야 한다.

1부 비유물론

1. 객체와 행위자
2. 이중 환원하기의 위험
3. **유물론과 비유물론**
4. 행위자-네트워크 이론을 발전시키려는 시도
5. 물자체

객체에 대한 관심은 현대의 지적 생활에서 가장 지나치게 소중히 여겨지는 낱말 중 하나인 '유물론'에 대한 관심과 흔히 혼동된다. 이 용어가 누리는 대부분의 특권은 계몽주의 및 정치적 좌파와의 오랜 연관성에서 비롯되지만, 오늘날의 유물론은 진공을 가로질러 갑자기 방향을 바꾸는 원자들과 관련된 예전의 유물론과 확연히 다르다. 이런 차이가 항상 더 나은 쪽으로 이끌지는 않는다. 브라이언트가 낙담한 어조로 지적하듯이, "유물론은 물질적인 것과는 거의 아무 관련도 없는 예술 용어가 되어 버렸다. 유물론은 무언가가 역사적이고, 사회적으로 구성되고, 문화적 실천을 포함하며, 우발적이라는 점을 단순히 의미하게 되었을 뿐이다… 유물론 속 어디에 유물론이 있는지 의아하다."[1] 그런데 새로운 유물론을 정확히 규정하기는 어려울지도 모르지만, 명시적으로 새로운 유물론자로 자처하지 않는 사람들을 비롯하여 그 지지자들의 대부분이 옹호하는 일단의 논제를 나열하기는 쉽다.

새로운 유물론의 공리들

- 모든 것은 끊임없이 변화하고 있다.
- 모든 것은 뚜렷한 경계와 단절 지점을 갖기보다는 오히려

1. Levi R. Bryant, *Onto-Cartography*, p. 2.

연속적인 구배를 따라 발생한다.

- 모든 것은 우발적이다.
- 우리는 실체/명사라기보다는 오히려 행위/동사에 집중해야 한다.
- 사물은 우리의 '실천' 속에서 생성되기에 기성의 본질이 전혀 없다.
- 사물의 행위가 사물의 무엇임what-it-is보다 더 흥미롭다.
- 사유와 세계는 결코 별개로 존재하지 않기에 상호작용하기보다는 오히려 "내부작용을 한다intra-act."[2]
- 사물은 단일체라기보다는 오히려 다양체다.[3]
- 세계는 순전히 내재적이고, 게다가 그것은 좋은 일인데, 그 이유는 어떤 초월성도 억압적일 것이기 때문이다.

일반적으로 이들 논제 각각은 멋지게 참신한 느낌으로 제기될지라도, 그 논제들이 인간과학 전체에 걸쳐 얼마나 주류가 되어 버렸는지 놀랄 만하다. 위 목록에서 오해의 여지가 없는 것은 위로 환원하기 방법에 대한 깊은 신념인데, 그 방법의 약점은, 알다시피, 객체 자체를 그 객체가 현재 우연히 취

---

2. Karen Barad, *Meeting the Universe Halfway : Quantum Physics and the Entanglement of Matter and Meaning*, Durham, Duke University Press, 2007을 보라.
3. Annemarie Mol, *The Body Multiple : Ontology in Medical Practice*, Durham, Duke University Press, 2002를 보라.

하고 있는 행위 또는 세계에서 나타내고 있는 표현과 구별할 수 없는 무능력에 있다. 객체의 실재성을 제대로 다루려면, 이런 종류의 위로 환원하기 유물론에 대립하는 용어가 필요하다. 유물론에 대한 자연적 대립물은 '형식론'이라는 용어 속에 존재하지만,[4] 이 낱말은 객체지향 방법과는 무관한 종류의 추상적인 논리·수학적 절차에 너무 밀접하게 연관되어 있다. 이런 이유로 인해 나는 앞에서 서술된 접근법들에 대한 반의어로 비유물론을 제안한다. 다음과 같은 원리들을 나타내는 데 이 용어를 사용할 것이다.

비유물론의 공리들

- 변화는 간헐적이고 안정성이 표준이다.
- 모든 것은 연속적인 구배를 따라 발생하기보다는 오히려 특정한 경계와 단절 지점에 의해 분할된다.
- 모든 것이 우발적이지는 않다.
- 실체/명사가 행위/동사에 우선한다.
- 모든 것은 일시적일지라도 자율적인 본질을 갖추고 있고, 게다가 그 본질을 파악하는 데 있어서 우리의 실천이 우리의 이론보다 별로 나을 게 없다.

---

4. [옮긴이] 여기서 하먼은 '유물론'(materialism)이라는 용어 속에 들어 있는 '질료'(material)라는 낱말과 '형식론'(formalism)이라는 용어 속에 들어 있는 '형상'(form)이라는 낱말 사이의 질료-형상 대립 관계를 환기한다.

- 사물의 무엇임이 사물의 행위보다 더 흥미로운 것으로 판명된다.
- 사유와 그 대상은 여타의 다른 두 객체보다 더도 덜도 분리되어 있지 않기에 그것들은 '내부작용을 하기'보다는 오히려 상호작용한다.
- 사물은 다양체라기보다는 단일체다.
- 세계는 그저 내재적인 것이 아니고, 게다가 그것은 좋은 일인데, 그 이유는 순전한 내재성은 억압적일 것이기 때문이다.

이 새로운 목록은 단지 우리를 아래로 환원하기라는 정반대의 악덕으로 데려갈 뿐인가? 그렇지 않다. 비유물론은 모든 규모에서 존재하는 존재자들을 어떤 근본적인 구성적 층위로 용해하지 않은 채 있는 그대로 인정하기 때문이다. 특정한 피자헛 매장은 그 매장을 구성하는 종업원과 탁자, 냅킨, 분자, 원자보다 더도 덜도 실재적이지도 않고, 게다가 그 매장의 경제적 영향이나 공동체적 영향, 위치타Wichita라는 피자헛 본사의 도시, 피자헛 기업 전체, 미합중국, 또는 행성 지구보다 더도 덜도 실재적이지 않다. 이들 존재자는 모두 때때로 서로 영향을 주고받지만, 자신의 상호적 영향 속에 결코 전적으로 소진되지 않는데, 그 이유는 그들 각자가 다른 일을 할 수 있거나 심지어 도대체 아무것도 하지 않을 수 있기 때문이다.[5] 달리 진술하면, 관계적 형이상학은 객체는 다룰 수 없고 오로지 관계만 다룰 수 있지만, 비관계적 형이상학은 객체와 관계를 모두 다룰 수 있는데, 그 이유는 그것이 관계를 새로운 복합 객체로 적절히 다룰 수 있기 때문이다. 그 새로운 목록은 어떤 종류의 반동적이고 본질주의적이며 소박한 실재론을 우리에게 돌려주는가? 그렇지 않다. 우리의 본질주의는 반동적이지 않고 우리의 실재론은 소박하지 않기 때문이다. 그 이유는, 예전의 본질주의는 사물의 본질을 인식한 다음에 이 지식을 억압적인 정치적 목적을 위해 사용할 수 있다("동양인은 본질적으로 자치 능력이 없다")고 생각했지만, 비유물론적 본질주의는 본질은 직접 인식할 수 없기에 뜻밖의 일을 빈번하게 일으킨다고 주의를 주기 때문이다. 더욱이, 소박한 실재론은 실재는 마음 바깥에 존재하고 우리는 그것을 알 수 있다고 생각하지만, 객체지향 실재론은 실재는 마음 바깥에 존재하고 우리는 그것을 알 수 없다고 주장한다. 그러므로 우리는 간접적 방식이나 암시적 방식이나 대리적 방식으로만 실재에 접근할 수 있을 뿐이다. 실재는, 인간만이 외부가 있는 존재자인 것처럼, 오로지 '마음 바깥'에 존재하는 것도 아니다. 오

---

5. Xavier Zubiri, *On Essence*, trans. A. Robert Caponigri, Washington, Catholic University of America Press, 1980.

히려, 실재는 먼지와 빗방울의 인과적 상호작용도 넘어서는 잉여물로서 존재하는데, 그리하여 실재는 인간 권역에서 완전히 표현되지 않는 것과 마찬가지로 생명 없는 관계들의 세계에서도 결코 완전히 표현되지 않는다.

앞에서 나는, 라투르가 객체를 무엇이든 그것이 "수정하거나, 변형하거나, 교란하거나, 생성하는" 것으로 위로 환원함으로써 아무것도 유보하지 않은 채 행위로 전환한다고 지적했다. 하지만 어떤 의미에서 라투르는 이 문제를 깨닫고 있으며, 심지어 다양한 방식으로 그 문제를 다루기까지 한다. 어쩌면 이들 방식 중 가장 효과적인 것은 라투르의 정치 이론에서 찾아볼 수 있을 것인데, 그 이론은 권력 정치와 진실 정치라는 근대적 극단을 회피하려고 노력하면서 궁극적으로는 루소만큼이나 홉스에 대해서도 의심스럽게 여긴다.[6] 누르츠 마레Noortje Marres의 중요한 박사학위 논문[7]이 발표된 후에, 월터 리프먼과 존 듀이의 "객체지향" 정치에 대한 라투르의 관심은 정치적 지식이란 존재하지 않는다는 자신의 확고한 신념에 의해 촉발된다. 그 이유는 지식이 인간 존

6. Graham Harman, *Bruno Latour : Reassembling the Political*, London, Pluto Press, 2014.

7. Noortje Marres, "No Issue, No Public : Democratic Deficits After the Displacement of Politics," PhD dissertation, University of Amsterdam, The Netherlands, 2005. http://dare.uva.nl/record/165542에서 입수할 수 있음.

재자와 비인간 존재자가 서로 결정하기 전에 거치는 코스모폴리틱스적 투쟁[8]을 누락시키려고 항상 시도하기 때문이다. 지식은 어떤 가정된 정치적 진실(그것이 평등주의적이든 엘리트주의적이든 간에)을 환기함으로써 그렇게 하거나, 아니면 정치는 진실과 관련되어 있기보다는 단지 권력과 관련되어 있을 뿐이라는 상반된 주장을 환기함으로써 그렇게 한다.[9] 라투르가 존재자를 지식으로 환원하기에 저항하는 다른 한 논점은 재치가 넘치지만 거의 읽히지 않은, 그의 유물론 비판 논문에서 찾아볼 수 있다.[10] 유물론적 신조의 황금시대에는 "견실하고 강력한 유물론에의 호소가 도덕, 문화, 종교, 정치, 또는 예술 같은 관념 뒤에 자신의 잔혹한 이해관계를 숨기고자 하는 사람들의 위선을 분쇄하는 이상적인 방법인 것처럼 보였다"라는 점을 라투르는 우리에게 상기시킨다. 하지만 이 사태에는 "물질과 그것의 다양한 행위주체성에 대한 상당히 관념론적인 정의"[11]가 수반되었는데, 그 이유는 유물론이 물질이 무엇인지 이미 알고 있다 — 물질은

---

8. Isabelle Stengers, *Cosmopolitics I*, trans. R. Bononno, Minneapolis, University of Minnesota Press, 2010.

9. Bruno Latour, *An Inquiry into Modes of Existence : An Anthropology of the Modern*, trans. C. Potter, Cambridge, Harvard University Press, 2013, p. 327.

10. Bruno Latour, "Can We Get Our Materialism Back, Please?," *Isis*, vol. 98, 2007, pp. 138~42.

11. 같은 글, p. 138.

세계에 변함없이 속하는 "놀라움과 불투명성"[12]에 대립하는 것으로서 물리적 토대를 갖추고 수식으로 표현될 수 있는 1차 성질들이다 – 고 미리 가정했기 때문이다. 이로부터, 어쩌면 라투르는 ANT의 기본 원리에 의구심을 품게 했을 추가적인 교훈을 도출했을지도 모른다. 다시 말해서, 일단 객체를 놀라움과 불투명성과 관련지어 언급하면, 우리는 객체를 그것의 근본적인 부분들로 환원할 수 없는 것과 마찬가지로 그것의 행위와 관계로도 환원할 수 없다. 행위자-네트워크는 단지 원자-네트워크의 반전된 형태일 뿐이다.

이중 환원하기에 반대하는 이론을 승인하는 것밖에 다른 대안이 없는데, 그런 이론 중 객체지향 철학이 여태까지 제시된 단 하나의 강력한 사례다. 모든 지적 추진력이 맥락과 연속성, 관계, 물질성, 실천에 속하는 시대에, 우리는 이들 용어 각각의 우선순위를 거부하면서 오히려 비유물론적 판본의 놀라움과 불투명성에 주의를 집중해야 한다. 아래로 환원하기가 나타내는 유사한 결점을 고려하면, 문제의 불투명한 놀라움을 초래하는 원인은 애지중지하는 근본 입자들의 층위라기보다, 또는 제인 베넷이 "약동하는 전체의 불확정적인 탄력"[13]이라는 생생한 표현으로 그릇되게 서

12. 같은 글, p. 141.

13. Jane Bennett, "Systems and Things : A Response to Graham Harman and Timothy Morton," *New Literary History*, vol. 43, no. 2, 2012, pp.

술하는 것이라기보다는 오히려 모든 규모에서 완전히 형성된 개체들이어야 한다.

225~33.

1부 비유물론

1. 객체와 행위자
2. 이중 환원하기의 위험
3. 유물론과 비유물론
4. 행위자-네트워크 이론을 발전시키려는 시도
5. 물자체

지금까지 ANT의 작업이 천 개의 낯으로 수행되었지만, 미셸 칼롱과 브뤼노 라투르, 존 로John Law가 흔히 그 방법의 창시자들로 거론된다. 이 사실로 인해 그들이 ANT에 관한 의혹을 공개적으로 표현하지 못한 것은 아니다. 라투르는 다음과 같은 문장을 쓰기까지 했다. "행위자-네트워크 이론과 함께 일하지 않는 네 가지의 것이 있는데, 행위자라는 낱말, 네트워크라는 낱말, 이론이라는 낱말, 그리고 하이픈이다!"[1] 역설적이든 그렇지 않든 간에, 이들 낱말은 『존재양식에 관한 탐구』라는 라투르의 책에서 나타날, ANT로부터의 더 전면적인 이탈을 예고한다.[2] 그 책에서 라투르는 ANT의 기법을 이제 막 습득한 가공의 민족지학자에 관해 숙고하면서 "그 학자는 법학, 과학, 경제학, 또는 종교의 단편들을 연구함에 따라, 대단히 혼란스럽게도, 자신이 그것들 모두에 관해 거의 동일한 논점, 즉, 그것들은 '탐구함으로써 밝혀진 뜻밖의 요소들이 이질적인 방식으로 조립되어' 있다는 점을 말하고 있다고 느끼기 시작한다"라고 보고한다. 그 민족지학자는 "이 놀라움에서 저 놀라움으로" 이동하지만, "… 아무튼 스스로 놀랍게도 … 각각의 요소가 같은 방식으로 놀라운 것이 됨에 따라 … 더는 놀랍지 않게 된

---

1. Bruno Latour, "On Recalling ANT," *Actor Network Theory and After*, eds. John Law and John Hassard, London, Wiley-Blackwell, 1999.
2. Bruno Latour, *An Inquiry into Modes of Existence*.

다."[3] 그런 단조로움에 대하여 라투르가 제시한 해결책은 행위자와 네트워크를 포기하는 것이 아니라, 네트워크는 이따금 그리고 대부분 실수로 경로들이 교차할 뿐인 적어도 14가지의 다른 종류로 나타난다고 주장하는 것이다. 네트워크(이제 〔NET〕라는 양식으로 알려진 것)는 사라지기는커녕 계속해서 라투르의 새로운 이론이 수행하는 작업 중 절반을 담당하고, 한편으로 그가 "사전배치"preposition〔PRE〕라고 부르는 양식은 여타의 12가지 양식에 이르는 길을 열어 준다. 후기 라투르는 스스로 정립한 기성의 관계적 행위자 모형을 유지하는데, 그리하여 여전히 행위자는 아무것도 유보되지 않은 채 자신의 행위들로 철저히 규정된다. 어떤 사물 속 잉여는 결코 어떤 숨은 본질적 핵심에서 비롯되는 것이 아니라, 어느 주어진 순간에 우리가 우연히 고찰하고 있는 양식 이외의 모든 양식에 그 사물이 동시에 참여하는 데서 비롯되는데, 스피노자의 "속성"과 달리 이들 양식은 그 수가 무한하기보다는 14개에 불과할지라도 말이다. 라투르의 현행 양식 프로젝트는, 그 중요성에도 불구하고, 모든 네트워크 바깥에 있는 사물의 비관계적 심연에 주목해야 하는, 세계에 대한 비유물론적 설명을 위한 도구를 제공할 수는 없다.

3. 같은 책, p. 35.

ANT를 그 내부에서 급진화하려는 다른 한 시도는, 새로운 유물론의 강점과 약점을 모두 공유하는 한 공동연구에서 로John Law와 그의 저명한 동료 안네마리 몰Annemarie Mol에 의해 이루어진다. 라투르와 스티브 울거의 『실험실 생활』[4]에 대한 대체로 공감적인 해설을 제시한 후,[5] 로는 몰이 구축했고 자신이 확장한, ANT를 넘어서는 진전으로 추정되는 이론을 대담하게 주장한다. "한 가지 미묘하지만 굉장한 차이를 제외하고, 〔몰의〕 관점은 라투르와 울거의 관점과 유사하다. 그런데 그 차이는? 그것은, 의학적 탐구가 어쩌면 단일한 실재를 낳을지도 모르지만 이런 일이 반드시 일어나지는 않는다는 점이다."[6] 그 의학적 준거는 몰의 영향력 있는 저서인 『다양체』인데,[7] 이것은 죽상동맥경화증이 단일한 질환이 아니라 다수의 질환이라는 점을 보여준다고 추정되는 사례연구다. 그 이유는 그 질환이 조영술과 수술, 현미경의 사용 같은 실천에서 다르게 확증되고, 게다가 증상들의 다양한 배치를 통해서 다르게 목격되기 때문이다.

---

4. [한국어판] 브뤼노 라투르·스티브 울거, 『실험실 생활』, 이상원 옮김, 한울, 2019.
5. John Law, *After Method : Mess in Social Science Research*, New York, Routledge, 2004, pp. 18~42.
6. 같은 책, p. 55.
7. Annemarie Mol, *The Body Multiple : Ontology in Medical Practice*, Durham, Duke University Press, 2002.

몰의 주장은 어떤 단일한 질환이 그저 다른 맥락에서 다르게 현시될 뿐이라는 것이 아닌데, 몰의 저작에서 제기된 더 급진적인 주장은 질환을 진단하는 방법이 다를 때마다 다른 질환이 산출된다는 것이다. 몰은 다수의 관점에 따라 관찰되는 단일한 실재적 세계라는 관념을 수용할 수 없다. 로 역시 이 관념을 수용할 수 없는데, 그는 그것을 자신이 되풀이해서 "유럽-아메리카 형이상학"으로 부르는 소박한 실재론의 한 형태로 여긴다.[8] 그 용어는 유감스러운 것인데, 그 이유는 그것이 서양철학의 역사에 대한 극단적으로 지나친 일반화를 비서양인들이 뛰어난 지혜를 소유하고 있다는, 군중을 즐겁게 해주는 암시와 결합하기 때문이다. 또한 우리는, 단일한 실재와 그 다양한 진실의 양면성은 우리가 오로지 가정된 정치적 선의에만 기반을 둠으로써 이런저런 방향으로 과학적 발견을 이끌 수 있게 한다는 로의 주장도 칭찬하지 말아야 한다. 그 이유는, 이 주장이 로와 몰이 그 어떤 직설적인 의미의 과학적 진실도 배척하고자 하는 바로 그 순간에 적절히 진보적인 학자는 정치적 진실에 직접 접근할 수 있다는 점을 반드시 수반하기 때문이다.[9] 다른 문제점 중에서 이것은 라투르가 홉스와 결별하기 이전의 초

---

8. John Law, *After Method*, 여기저기를 보라.
9. 같은 책, p. 40.

기 ANT로의 회귀를 나타내는데,[10] 그때는 ANT가 "권력"은 분석되지 않은 채 문을 통과하게 "내버려 두"면서 "진실"은 의심스러운 눈초리로 바라보던 시기였다.[11] 자신과 몰이 라투르의 ANT에 대하여 "굉장한" 반대 의견을 제기한다는 로의 주장은 지지받을 수 없는데, 그 이유는 그들의 반대 의견이 라투르 자신의 작업을 규정하는 특징 중에 이미 속하는, 지속적인 통일된 존재자에 대한 적대감의 외삽에 해당할 뿐이기 때문이다. 라투르가 죽상동맥경화증 질환에 대한 몰의 다양한 판본에 맞서 그 질환의 단일성을 아무튼 주장했다면(이미 상상하기 힘들다), 이 사태는 그 질환 자체의 어떤 고유한 실재론적 단일성에서 기인하는 것이 아니라, 의학 연구자들의 오랜 집단노동 이후에 이루어진 그 질환의 잠정적인 블랙박스화에서 기인할 뿐이다.

그런데도, 로는 자신이 이해하는 대로의 서양철학 전체를 반전시키려고 분명하고 대범하게 시도한다. 무엇보다도 고전적인 "유럽-아메리카" 편견을 버려야 한다고 그는 주장하는데, 그 편견에 따르면, 실재는 (1) 인간의 외부에 존재하고, (2) 인간의 행위 및 지각과 독립적이고, (3) 인간에 선행하고, (4) 특정한 형상이나 관계들로 구성되어 있고, (5) 변함

---

10. Bruno Latour, *We Have Never Been Modern*. [브뤼노 라투르, 『우리는 결코 근대인이었던 적이 없다』.]

11. Graham Harman, *Bruno Latour*, pp. 51~5.

이 없고, (6) 수동적이며, (7) 보편적이다.[12] 이들 원리를 거부하는 로와 몰의 태도를 통합하는 공통의 연결 고리는, 둘 다 오로지 우리 바깥에만 놓여 있는 것으로 한때 여겨진 실재를 생산하는 데 있어서 인간에게 상당한 역할을 부여한다는 점이다. 죽상동맥경화증 자체는 존재하지 않고, 비행기 자체도 존재하지 않고, 본체적인 짐바브웨 물 펌프도 존재하지 않는데, 오히려 실재는 수행되거나 생산된다. 실재는 "관계 속에서 생산되"고, "실천"으로 조립된다.[13] 로와 몰은 모든 존재자가 동시에 갖는 단일성과 다양성 사이의 명백한 충돌을 위험한 불일치로 간주하면서 그 불일치를 우려하여 해소하는 것이 아니라, 오히려 그 충돌을 새로운 존재론의 탄생이라고 공개적으로 찬양한다. "알코올성 간 질환은 단편적 객체로 이해될 수 있을 것이다. 다른 현장에서 다른 실천으로 다르게 발현되는 그런 차이들은 각각의 특정한 상황에서 알코올성 간 질환의 특이성이 지속적으로 나타날 가능성을 또한 확보하는 방식으로 다루어진다."[14] 여기서 "또한"이라는 낱말은 결코 실제로 수행되지 않는 형이상적 '관리' 노동을 가리키는데, 요컨대 이것은 로가 넌지시 주장하는 간소화된 기정사실이라기보다는 해소되지 않은

12. John Law, *After Method*, pp. 24~5.
13. 같은 책, p. 59.
14. 같은 책, p. 75. 강조가 수정됨.

역설이다.

이 존재론에서 인간 실천에 부여된 중심 역할은 당당한 관계주의와 결부되는데, 이것들은 모두 "실재는 관계 속에서 생산되며, 관계 속에서 존재한다"[15]고 주장하는 위로 환원하기 관점이다. 하지만 어딘가 다른 곳에서 그 두 저자는 짝을 이뤄 새로운 불확정적인 유체의 이론으로 네트워크의 존재론에 대항하는데,[16] 그것은 존재자가 자신의 개인사로부터 상대적으로 독립적임을 설명할 수 없는 노골적인 아래로 환원하기의 움직임이다. 요약하면, 다양체 존재론은 새로운 유물론에서 더 일반적으로 발견되는 이중 환원하기 경향을 그저 반복할 뿐이다. 그런데 로와 몰의 극단적인 형태의 반실재론 ― 그것이 아무리 '유물론적'이라고 주장하더라도 ― 은 수용할 수 없지만, 그들의 작업에는 보존할 가치가 있는 한 가지 중요한 원리가 있다. 많은 실재론자가 실재는 그것이 인간에게 오염되지 않을 때만 실재적이라고 잘못 가정하는데, 그리하여 예술과 정치, 사회는 아무튼 화학물질들의 혼합이나 지각판의 이동보다 덜 실재적인 것으로 여겨진다. 인간과 인간의 작품이 그 자체로 실재적 객체라는 점은 쉽게 간과되고, 게다가 네덜란드 병원에서 진단된 죽상

---

15. 같은 책, p. 59.

16. Annemarie Mol and John Law, "Networks and Fluids : Anaemia and Social Topology," *Social Studies of Science*, vol. 24, no. 4, 1994, pp. 641~71.

동맥경화증이 초신성에서 일어난 중重원소들의 융합에 못지않게 실재적이라는 점도 쉽게 간과되지만, 한편으로 여기서 그 질환이 더 실재적이지도 않다는 점을 주의 깊게 인식해야 한다.

1부 비유물론

1. 객체와 행위자
2. 이중 환원하기의 위험
3. 유물론과 비유물론
4. 행위자-네트워크 이론을 발전시키려는 시도
5. **물자체**

객체지향 철학의 한 가지 중요한 특징은 지적 생활의 중요한 구성요소로서 인기 없는 물자체를 고집한다는 점이다. 1781년에 처음 출판된 임마누엘 칸트의 『순수이성비판』은 서양철학에서 가장 최근에 발생한 대지진이다.[1] 그 이후로 모든 것은 어떤 면에서 새로운 칸트적 풍경에 대한 반응이다. 칸트의 혁신이 단 하나의 개념으로 요약될 수 있다면, 그의 물자체라는 개념이 확실히 최선의 후보일 것이다. 과거의 철학은 독단적이어서 추리를 통해서 사물의 진실에 직접 이를 수 있다고 믿었던 반면에, 칸트는 인간의 인지가 유한하기에 실제로 있는 그대로의 사물에 이를 수 없다고 주장한다. 이런 '본체'는 사유될 수는 있지만 인식될 수는 없다. 인간은 오로지 현상에만 직접 접근할 수 있을 뿐이므로 철학은 세계에 관한 사색이 되는 것이 아니고, 오히려 인간이 세계를 이해할 수 있게 하는 유한한 조건 — 시간과 공간, 12가지 오성의 범주 — 에 관한 사색이 된다.

우리는 이미 이중 환원하기와 관련된 문제를 이해했다. 어떤 객체를 그것의 조각들로 아래로 환원하면, 우리는 창발을 설명할 수 없다. 어떤 객체를 그것의 효과들로 위로 환원하면, 우리는 변화를 설명할 수 없다. 이로부터 두 가지

---

1. Immanuel Kant, *Critique of Pure Reason*, trans. Norman Kemp Smith, London, Palgrave Macmillan, 2003. [임마누엘 칸트, 『순수이성비판 1·2』, 백종현 옮김, 아카넷, 2006.]

기본적인 지식의 형식, 즉 사물의 구성과 사물의 행위 중 어느 것으로도 전환될 수 없는 실재로서의 물자체가 필요한 이유는 알기 쉽다. 결국, 사물은 지식으로 전환될 수 있다는 어떤 주장도 사물과 그것에 관한 지식 사이의 명백하고 영구적인 차이를 설명할 수 없는데, 요컨대 우리가 개에 관하여 완전한 수학적 지식을 갖추고 있더라도 이 지식은 여전히 개가 아닐 것이다. 그런 주장은 '허수아비' 논증이라고 진술될 것인데, 그 이유는 철학자들이 지식은 그 대상과 다르다는 사실을 명백히 인식하고 있기 때문이다. 하지만 중요한 것은 철학자가 개인적으로 이 사실을 '인식'하고 있는지에 관한 물음이 아니라, 그의 철학이 그 사실을 충분히 설명하는지에 관한 물음이다. 우리가 개를 직접 안다고 생각하는 사람들은 압박을 받게 되면 성급하게 자신은 피타고라스주의자가 아니라고 선언하고서 우리의 지식은 개의 형상에 관한 것이고, 한편으로 개 자체는 "질료 속에" 거주하는 동일한 형상이라고 설명할 것이다.[2] 하지만 대단히 전통적인 이 신조는 이미 라투르에 의해 "변환 없는 전송"의 일례임이 드러나게 되었는데, 요컨대 '동일한' 형상이 개 속에

2. Quentin Meillassoux, "Iteration, Reiteration, Repetition : A Speculative Analysis of the Meaningless Sign" (a.k.a. "The Berlin Lecture"), trans. R. Mackay, unpublished manuscript. https://cdn.shopify.com/s/files/1/0069/6232/files/Meillassoux_Workshop_Berlin.pdf에서 입수할 수 있음.

있을 수 있고, 그다음에 마음이 개로부터 그 형상을 아무 변형도 없이 추출할 수 있는 것처럼 말이다. 이런 독단적인 판본의 형식론에 맞서서, 우리는 그 어떤 두 개의 형상 사이에도 등가성이 존재할 수 없다는 점을 인식해야 한다. 사물은, 상당한 변형이 일어나지 않은 채 지식으로 결코 전환될 수 없거나, 또는 우리의 '실천'을 통한 어떤 종류의 접근으로도 결코 전환될 수 없다. 칸트와 관련된 진짜 문제는 그가 물자체를 도입한 점이 아니라, 물자체가 오로지 인간을 괴롭힐 뿐이라는 관념인데, 그리하여 유한성이라는 비극적인 짐을 단일한 종의 객체가 짊어지게 된다. 칸트가 인식하지 못한 것은, 어떤 관계도 자신의 관계항들을 철저히 망라하지 못하기에 모든 생명 없는 객체 역시 서로에 대해서 물자체라는 점이다. 하지만 이 책의 관심사는 인간 사회이기 때문에 여기서 인간을 제외한 객체-객체 상호작용은 우리의 지엽적인 관심사일 뿐이다.

어쩌면 물자체에 대한 가장 빈번한 불평은, 그것이 우리에게 '부정신학'밖에 아무것도 남기지 않는다는 점일 것이다. 사고방식이 다른 내 친구이자 저명한 합리주의 철학자인 애드리언 존스턴의 다음과 같은 진술을 살펴보자.

> 19세기와 20세기의 수많은 탈관념론자는 결국 그 근저의 기본 논리가 부정신학의 논리와 구분하기 힘든 안이한 신

비주의를 조장하게 된다. 그 변함없는 기본 형판은 다음과 같다. 어떤 'x'가 주어진다. 이 'x'는 범주, 개념, 술어, 특성 등의 어떤 층위에서도 합리적으로도 담론적으로도 포착될 수 없다.[3]

ANT 지지자들도 유사하게 표명할 것인데, 라투르가 물자체 옹호자들의 "투덜대는 행위"에 대해 불평할 때처럼 말이다.[4] 하지만 여기에 몇 가지 문제가 있다. 첫 번째 문제는, 부정신학이 그저 부정적인 경우는 드물고 단지 때때로 무익할 뿐이라는 점이다. 중세 초기 탁월한 부정신학자인 위僞-디오니시우스Pseudo-Dionysius의 글에서도 결코 부정적이지 않은 그리스도교 삼위일체에 대한 설명이 나타난다.

> 집안의 모든 램프에서 나오는 빛은 완전히 서로 스며들지만, 각각의 빛이 분명히 구별된다. 통일 속에 구별이 존재하고 구별 속에 통일이 존재한다. 집안에 램프가 많이 존재할 때에도 단일한 미분화된 빛이 존재하고 그 램프들 전체에서 하나의 온전한 밝음이 생겨난다.[5]

---

3. Adrian Johnston, "Points of Forced Freedom : Eleven (More) Theses on Materialism", *Speculations IV*, 2013, pp. 91~8.
4. Bruno Latour, *An Inquiry into Modes of Existence*, p. 85.
5. Pseudo-Dionysius, *Pseudo-Dionysius : The Complete Works*, ed. Colm Lubheid, Mahwah, Paulist Press, 1987. [위 디오니시우스, 『위 디오니시우

이 비유가 놀랍다고 깨닫기 위해 삼위일체를 믿을 필요는 없다. 그런 사례들이 자신이 공허한 게임으로 여기는 것을 더할 나위 없이 기쁘게도 신학자들에게 맡겨버리는 무신론자이자 유물론자인 존스턴에게 영향을 주지 않을 것은 확실하다. 하지만 존스턴의 지식관은 자신에게 훨씬 더 소중한 것, 즉 철학을 설명할 수 없다. 그의 빈정대는 듯한 어투의 글을 회상하자. "어떤 'x'가 주어진다. 이 'x'는 범주, 개념, 술어, 특성 등의 어떤 층위에서도 합리적으로도 담론적으로도 포착될 수 없다." 하지만 이 구절은 소크라테스의 방법도 마찬가지로 서술한다. 플라톤 대화편의 어떤 구절에서 소크라테스가 범주, 개념, 술어, 또는 특성의 층위에서 대관절 무언가를 "포착"하는가? 소크라테스는 자신이 지혜로운 사람이라고 주장하지 않고 오히려 철학자, 즉 지혜를 사랑하는 사람이라고 주장한다. 철학과 과학을 구분하는 것이 있다면, 그것은 그저 부정적이지는 않은 무지에의 자각적 태도에 대한 이런 주장이다.

존스턴은 지식을 전부-아니면-전무의 사태로 여기는 것처럼 보이는데, 이를테면 우리는 명료한 명제적 언어로 무언가를 알거나, 아니면 우리에게는 모호한 몸짓만 남아 있을 뿐이다. 이런 잘못된 대안은 메논이 소크라테스에게 건넨

스 전집』, 엄성옥 옮김, 은성, 2007.]

진술을 본떠서 '메논의 역설'로 알려져 있는데, 메논은 우리에게 무언가가 있어도 그것을 찾을 수 없고 무언가가 없어도 그것을 찾을 수 없으므로 도대체 무언가를 찾을 이유가 없다고 말한다. 이런 비철학적인 주장에 대해 소크라테스는 가장 철학적인 주장으로 맞서는데, 요컨대 우리에게 진실이 있는 것도 아니고 없는 것도 아니며 오히려 우리는 항상 그 사이 어딘가에 있다는 것이다. 지적 활동에 대한 존스턴의 전부-아니면-전무의 관점은 기본적으로 개념적이지 않고 담론적이지 않으면서도 인지적으로 가치 있는 활동도 설명할 수 없음을 인식하자. 어쩌면 예술이 이런 상황에 대한 최선의 사례일 것이다. 피카소의 〈아비뇽의 처녀들〉이라는 그림을 무언가 중요한 것을 잃지 않으면서 담론적 용어로 어떻게 바꿔 말할 수 있겠는가? 최고의 예술 비평가들이 암시적이고 비유적으로 글을 쓴다면, 그 이유는 그들이 '안이한 신비주의자'이거나 비합리적인 사기꾼이기 때문이 아니라 그들의 주제가 바로 그것을 요구하기 때문이다. 훌륭한 글은 명료하고 '모호함'을 결여하고 있으면서, 게다가 그 주제를 명시적이고 검증 가능한 성질들의 다발로 대체하기보다는 오히려 살아 있게 하는 생생한 글이어야 한다. 때때로 우리는 사물을 단지 비유적으로 드러낼 수 있을 뿐이다. 그리하여 우리는 사물에 이르는 통로로서 직서적으로 정확한 술어보다는 오히려 역설을 추구하게 된다.

또한, 물자체에 관한 또 하나의 일반적인 편견, 즉 물자체는 '내세적'이라는 관념도 잠재우자. 사실상, 비유물론적 모형은 세계의 이원성을 전혀 인정하지 않는다. 오히려, 요점은 이 세계 속 각각의 객체가 물자체라는 것인데, 그 이유는 객체가 에너지를 손실하지 않은 채로는 그 어떤 종류의 지식이나 실천, 인과적 관계로도 번역될 수 없기 때문이다. 우리 자신이 바로 이 세상에서 거주하는 물자체이고, 게다가 탁자와 하이에나와 커피잔도 그렇다. 비유물론이 '내재성'에 대하여 제기하는 이의는, 내재성이 어떤 유토피아적인 참된 세계를 배척한다는 것이 아니라, 순전한 내재성은 변화를 설명할 수 없기에 세계에서 현재 표현되고 있는 것이 세계가 제공해야 하는 전부라는 관념을 낳게 된다는 것이다.

ANT와 새로운 유물론에 관한 몇 가지 중요한 점을 진술하고 그 두 가지 이론을 OOO와 구분했기에 이제 우리는 객체에 관한 사례연구를 고찰해야 한다. 간단히 설명될 수 있다는 이유로 인해, 사라진 지 오래된 네덜란드 동인도회사가 우리 목적에 맞는 이상적인 일례다.

2부 네덜란드 동인도회사

6. 네덜란드 동인도회사의 소개
7. 공생에 관하여
8. 코엔 총독
9. 바타비아, 향신료 제도, 말라카
10. 아시아 내부의 네덜란드 동인도회사
11. 행위자-네트워크 이론에 관한 재논의
12. 탄생, 성숙, 퇴락, 죽음
13. 객체지향 존재론 방법의 15가지 잠정적인 규칙

2부 네덜란드 동인도회사

G. W. 라이프니츠는, "모나드"라는 유명한 이름 아래, 철학에서 객체를 단호하지만 모호하게 옹호한 철학자다.[1] 라이프니츠의 이론과 관련된 문제 중 하나는, 그가 이쪽에는 단순한 자연적 실체를 두고 저쪽에는 복합적인 인공적 집합체를 두는 절대적인 구분을 고집한다는 점이다. ANT는 열차에서 탄두와 동맥경화에 이르기까지 모든 것을 분석할 만큼 충분히 유연하지만, 라이프니츠는 복합적인 집합체가 도대체 개별적 사물로 여겨질 수 있는 가능성을 퉁명스럽게 부인한다. 이런 태도는 1680년대에 라이프니츠가 저명한 얀센주의 신학자 앙투안 아르노와 주고받은 서신에서 분명히 나타난다. 그 서신에서 라이프니츠가 서술하는 대로, "대공의 다이아몬드와 무굴 제국 황제의 다이아몬드로 이루어진 복합체는 한 쌍의 다이아몬드로 불릴 수 있지만, 이것은 단지 이성의 존재자일 뿐이다."[2] 말하자면, 한 "쌍"의 다이아몬드는 마음에 의해 상정될 수는 있지만 어떤 환경에서도 실재적인 것으로 여겨질 수는 없다. 라이프니츠는 그 생각을 계속 이어간다. "기계가 하나의 실체라면, 손을 잡고서 원을 이루는 사람들의 집단도 하나의 실체이고, 군대도 하나의

---

1. G. W. Leibniz, "Monadology," *Philosophical Essays*, trans. Roger Ariew and Daniel Garber, Indianapolis, Hackett, 1989, pp. 213~24. [고트프리트 빌헬름 라이프니츠, 「모나드론」, 『형이상학 논고』, 윤선구 옮김, 아카넷, 2010.]
2. Leibniz, *Philosophical Essays*, pp. 85~6.

실체일 것이며, 마지막으로 실체들의 군집 역시 하나의 실체일 것이다."[3] 간단히 서술하면, 기계나 원을 이룬 사람들의 집단이나 군대를 실재적인 것으로 인정하게 되면 사물들의 무작위적인 어떤 모음도 하나의 실체로 여겨야만 한다는 주장으로 미끄러져 내려가게 될 것이라고 라이프니츠는 우려한다. 라이프니츠의 경우에 우리가 물리적 접촉을 객체성에 대한 기준으로 사용하더라도 그 문제는 존속하는데, "고리를 이루도록 짜 맞추어진 다수의 반지가, 고리가 풀리면 서로 분리될 수 있는데도, 도대체 왜 그밖에 또 하나의 진정한 실체를 구성해야 하는가?"[4] 형상적 배치를 단일성에 대한 기준으로 사용하더라도 상황이 더 나아지지는 않는데, 그 이유는 "동일한 구상으로 짜 맞추어진 부분들이 서로 접촉하고 있는 부분들보다 참된 실체를 구성하는 데 더 적절하다면, 네덜란드 동인도회사의 관리들 전체가 돌 더미보다 훨씬 더 뛰어나게 하나의 실재적 실체를 구성할 것"[5]이기 때문이다.

라이프니츠는 이 마지막 논점을 귀류법에 의한 증명으로 의도하는데, 마치 네덜란드 동인도회사를 하나의 실체로 여기는 관념이 매우 명백히 터무니없어서 아무도 그 관

---

3. 같은 책, p. 86.
4. 같은 책, p. 89.
5. 같은 책, p. 89.

념을 결코 진지하게 여길 수 없으리라는 것처럼 말이다. 하지만 네덜란드 동인도회사라는 객체의 단일성이 바로 내가 옹호하고자 하는 것이다. 네덜란드에서는 네덜란드 동인도회사가 Vereenigde Oostindische Companie('연합 동인도회사')로 알려져 있다. 그 회사의 이름은 흔히 학자들에 의해 VOC라는 네덜란드어 축약어로 간단히 표기되고, 그래서 나는 이런 간편한 관행을 따를 것이다. 그 회사는 1602년에서 1795년까지 공식적으로 존재하였지만, 그런 연대는 항상 잠정적인 것으로 여겨져야 한다. 동남아시아를 지배한 유럽 세력으로서 포르투갈의 지배권을 계승한 네덜란드의 시대는 이후에 영국 헤게모니의 시대로 대체된다. 포르투갈 세력 자체는 말레이 술탄과 지방 섬 정부들의 시대에 침입했고, 한편으로 네덜란드와 영국의 지배 이후에는 각각 인도네시아와 말레이시아가 독립국이 되었다. 우리 시대에 서양 제국이 논의될 때는 착취와 지배가 일반적으로 모든 사람의 마음에 가장 먼저 떠오르는 생각이고, 게다가 너무나 흔히 유일하게 떠오르는 생각이다. 이어지는 글에서 우리는 어떤 국가도 반복하기를 열망하지 말아야 하는 불의하고 잔혹한 사례들을 맞닥뜨릴 것이다. 하지만 또한 우리는 유럽의 지배를 과장하지 말아야 한다. 이를테면 유럽 강국들이 도쿠가와 막부 시대의 일본[6]과 특히 청나라 시대의 중국[7]에 본격적으로 진출하지 못한 사실과 더불어 VOC가 운영되는 동안 아체(수마트라섬 북부 지역)와 조호르(말레이반도 남부 지역)에서 지속한 술탄 통치의 지방적 영향력을 고려한다면 말이다.

암스테르담에 본사를 둔 VOC는 세계 최초의 합자 회사였고, 그리하여 세계 최초의 증권거래소를 낳았다. 이전에 이루어진 향신료 무역의 경우에는 투자자들이 설립한 임시 회사가 맡아서 여행한 후에 배가 항구에 귀환하면 그 회사가 해체되었지만, VOC는 항구적인 선단과 구성원들 모두가 부유하지는 않은 장기 출자자들의 집단을 유지했다. 네덜란드에서 동남아시아까지의 거리와 그 당시의 느린 통신으로 인해 VOC는 독립적인 운영 권한을 부여받았다. 그러므로 VOC는 사실상 일종의 주권 국가로서 기능했는데, 이를테면 전쟁을 벌일 수 있었고, 조약을 체결할 수 있었으며, 네덜란드 국가 자체를 대리하여 흔히 가혹한 형벌을 집행할 수 있었다. VOC의 성공과 범죄의 뿌리에는 그런 값비싼 해외 모험사업을 지원하기에 충분할 만큼 가격을 높게 유지하는 데 필요한 독점권을 보유한 기업으로서의 그 위상이 있었다. 냉혹한 VOC 총독 얀 피에테르손 코엔은, 네덜란

6. Clulow Adam, *The Company and the Shogun : The Dutch Encounter with Tokugawa Japan*, New York, Columbia University Press, 2014.

7. John E. Willis, Jr., *Pepper, Guns, and Parleys : The Dutch East India Company and China : 1662-1681*, Los Angeles, Figueroa Press, 2005.

드 공화국이 생존하려면 바로 이 독점 사업에 유럽의 다른 강국들이 못 들어오게 가장 엄격한 방식으로 차단해야 한다고 마침내 주장할 것이었다.[8] 더욱이, 코엔의 전망은 아시아 내부의 향신료 무역에 대한 네덜란드의 독점권도 수반했다. 그리하여 동인도 제도의 원주민들은 VOC와 배타적으로 관련된 배치 상황에 강제로 놓이게 됨으로써 아랍 상인과 중국 상인, 인도 상인들과 예전부터 맺은 유대가 끊어지게 되면서 이제 어쩔 수 없이 위험한 밀수를 할 처지에 이르게 되었다. VOC는 자신의 사업을 운영하는 데 편리한 장소들에 원주민들을 강제로 이주시켰고, 많은 원주민을 명백한 노예로 전락시켰으며, VOC가 확고히 통제할 수 있는 지역에서만 향신료가 재배될 수 있도록 보장하기 위해 엄청난 수량의 나무를 벌채했다.

독자에게 VOC를 생생하게 부각하려면 약간의 역사적 세부 내용이 필요할 것이지만, 이 책은 역사서가 아니다. 역사가는 과거에 실제로 무슨 일이 일어났는지 밝혀내고자 노력하면서 문서 및 다른 사료를 참조한다. 이 책은 VOC의 역사서라기보다는, 더 나은 용어가 없는 까닭에, VOC의 존재론에 관한 책이다. 우리는 일어났던 사건들에 관심을 기울

---

8. Stephen R. Brown, *Merchant Kings : When Companies Ruled the World: 1600-1900*, New York, Thomas Dunne Books, 2009.

이기보다는 역사에 등장했던 다양한 주요 존재자들에 관심을 기울일 것인데, 한편으로 그들에게 일어났던 일은 전적으로 별문제로 할 것이다. 역사가 소설의 구성과 유사하다면, 오히려 존재론은 그들이 인간이든 기업이든 무생물이든 간에 소설의 주요 등장인물들에 관한 연구와 유사하다. ANT는 항상 우리가 '행위자들을 주시하도록' 권고한다면, 객체지향 이론은 짖지 않는 개를 주시하거나, 또는 잠을 자면서 짖는 개를 주시하는 데에도 관심이 있다. ANT는 우리가 사물이 기성적이라기보다 오히려 존재하기 시작하는 국면을 파악하기 위한 논쟁을 주시하도록 요청한다면, OOO는 사물에서 논란의 여지가 없는 실재의 국면들에 관심이 있을 뿐만 아니라 논쟁보다 오히려 단순한 성공과 실패의 국면들에도 관심이 있다. 더욱이, 새로운 유물론적 회집체 이론은 우리가 행위자를 끊임없는 변화의 상태에 처해 있는 것으로 여기도록 요청한다면[9], 비유물론적 방법은 대부분의 변화를 피상적인 것으로 여기면서 일반적으로 공생의 사례에서 중요한 변화를 찾아내는데, 잠시 뒤에 공생이라는 개념이 간략히 설명될 것이다.

일반적인 이해에 따르면, '객체'라는 낱말은 흔히 생명이

---

9. Graham Harman, "Time, Space, Essence, and Eidos : A New Theory of Causation," *Cosmos and History*, vol. 6, no. 1, 2012, pp. 1~17.

없거나, 내구성이 있거나, 인간이 아니거나, 또는 물리적 질료로 이루어진 존재자들을 뜻한다. 알다시피, 비유물론은 그런 기준에 반대하면서 존재자는 그것이 자신의 구성요소들로도 효과들로도 환원될 수 없기만 하다면, 다시 말해서, 그 존재자가 아래로 환원하기 방법으로도 위로 환원하기 방법으로도 철저히 망라될 수 없기만 하다면, 객체로서의 자격을 갖추고 있다고 주장한다. 물론 이들 방법이 흔히 나름의 열매를 산출하지만 말이다. 이런 관점에서 바라보면, VOC의 객체성은 모든 합당한 의심을 넘어서는 것처럼 보인다. 하지만 언제나 우리는, 예컨대, 그 기업의 단일한 이름이 사실상 서너 가지의 동시적이지만 독립적인 운영이었던 것을 은폐하는 데 도움이 된다는 사실을 시사하는 가능한 증거에 열려 있어야 한다. VOC의 강력한 선단에 속하는 선박들 각각이 객체로 여겨질 수 있음은 확실하지만, 각각의 선박이 판자들과 선박 비품들의 집합체에 불과한 것이 아닌 것과 마찬가지로 그 선단은 결코 개별 선박들의 집합체에 불과한 것이 아니다. VOC는 데란다가 실재적 회집체 real assemblage — 내가 '객체'라고 부르는 것에 해당하는 그의 용어 — 를 식별하기 위해 제시한 유용한 기준을 충족한다.[10]

---

10. Manuel DeLanda, *A New Philosophy of Society*. [마누엘 데란다, 『새로운 사회철학』.]

(1) VOC는 틀림없이 자신의 부분들에 역행적 영향을 미치는데, 그 회사원들의 삶과 경력을 변화시키고, 섬 주민들을 노예로 전락시키고, 아시아 영토들의 재편과 요새화를 불러일으키며, 향신료의 유통 경로를 새로운 도시들을 오가도록 전환한다. (2) VOC는 마찬가지로 틀림없이 새로운 부분들을 생성하는데, 이를테면 그 기업의 필요를 위해 특별히 주문되고 설계된 선단과 새로운 무역 전초 기지, 그 기업의 상징물이 새겨진 새로운 주화 등이 있다. (3) 또한, VOC는 자신의 구성요소에서는 나타나지 않는 창발적 특성을 갖추고 있다. VOC의 많은 병사와 선박은, 개별적으로 존재한다면 영국의 해운업이나 말루쿠 제도의 주민들에게 거의 아무 위협도 제기하지 못할 것이다. 하지만 일단 조직을 이루게 되면, 통일된 VOC는 무시무시하고 흔히 복수심에 불타는 전쟁기계다. 하지만 우리는, 이런 역행적 영향과 새로운 부분, 가시적인 창발적 특성은 어떤 객체가 존재한다는 증상에 불과하고, 그 어느 것도 객체성의 필수 조건은 아니라는 점을 인식해야 한다. 우선, VOC는 그것이 자신의 부분들에 미치는 영향들의 총합과 같지 않은데, 그 이유는 VOC가 항상 자신의 부분들에 다른 영향을 미치거나 어쩌면 아무 영향도 미치지 않을 수가 있기 때문이다. 그리고 둘째, 새로운 객체는 눈으로 식별 가능한 새로운 특성을 전혀 나타내지 않고서도 존재할 수가 있는데, 이런 상황은 특히 내가 "휴면 객

체"dormant object라고 부르는 객체[11] – 일시적으로 또는 영구적으로 아무것에도 전혀 영향을 미치지 않는 상태임에도 불구하고 존재하는 객체 – 의 경우에 일어난다.

11. Graham Harman, "Time, Space, Essence, and Eidos," *Cosmos and History*.

2부 네덜란드 동인도회사

객체지향 철학은 모든 종류의 객체를 그 관계나 영향에 앞서 존재하는 것으로 여기는 실재론적 관점이다. 동맥경화증과 폐결핵은 그 현존을 최초로 기입하는 의료행위 중에 무로부터 생산되지 않는데, 오히려 의료행위 중에 맞닥뜨리게 되는 이들 질환은 우리의 경험이 다소간 유능하게 번역하는 어떤 기존의 진짜 존재자 또는 존재자들을 변화시킨다. 그렇지 않다면, 우리는 자신이 철저한 관념론자가 될 정도로 매우 '내재적인' 존재론에 처하게 될 것이고, 그리하여 세계에는 변화를 일으킬 수 있는 뜻밖의 잉여가 전혀 존재하지 않을 것이다. 몰이 "죽상동맥경화증"을 질환-자체라기보다는 오히려 특정한 진단행위의 상관물로 여길 때, 우리는 이 관점을, 그 질환의 존재를 기입하는 행위와 별개로 존재하는 그런 객체는 전혀 없다(몰은 명백히 그렇게 의도하더라도)는 문자 그대로의 의미로 간주할 수 없는데, 왜냐하면 이런 사태는 오진의 경우에만 일어나기 때문이다. 오히려, 그 사태는 새로운 복합 객체(의사-더하기-질환)에 자신의 부분 중 단 하나(질환)의 이름만 주어지는 제유법으로 여겨져야 한다. 이런 식으로 우리는, 아무리 순간적이더라도 그런 관계를 새로운 객체로 간주함으로써 인간이 자신이 씨름하는 객체에 미치는 영향을 제대로 다룰 수 있다. 우리가 하지 말아야 하는 일은, 마치 질환이 인간 의료행위자의 역행적 조수로서만 존재하는 것처럼, 질환 자체에 관한 모든 이야기를 무효로 하는 것이다. 누군가가 의료행위 중에 죽상동맥경화증을 진단하면 새로운 의사가 자동으로 생성된다고 주장하는 것은 이상할 것이다. 마찬가지로, 인간이 질환을 진단하는 그 순간에 그 질환 자체가 처음 생겨난다고 생각하는 것도 이상하다고 여겨야 한다. 라투르는 흔히 그런 주장을 감행하는데, 이를테면 파스퇴르와 세균이 서로를 함께 창조한다는 견해를 내세우는 그의 태도는 그 순간 이후에 파스퇴르가 취한 매우 다른 생의 행로를 고려하면 이해할 만하다. 하지만 라투르가 이런 주장을 제기할 때 파스퇴르의 경력에서 결정적인 순간을 선택하는 것은 우연이 아니다. 이를테면 라투르는 파스퇴르와 그의 면도기나 문손잡이가 매일 아침 서로를 함께 창조한다고 절대 주장하지 않는데, 라투르의 관계적 존재론에는 그런 극단적 주장도 마찬가지로 은연중에 내포되어 있는데도 말이다. 모든 관계가 동등하게 중요하다면, 모든 존재자는 자신이 존재하는 모든 사소한 순간에 새로운 것이 될 것인데, 그 이유는 인간과 객체의 관계가 언제나 움직이고 있기 때문이다. 하지만 누군가가 모든 관계가 동등하게 중요한 것은 아니라는 의견에 동의하면서도 중요하다고 여겨지는 것에 대한 임의적인 외부적 기준, 예를 들면 '인간 실천에 대한 유의미성'을 이어서 채택하면, 그 상황은 마찬가지로 문제가 있다. 모든 격동의 사건과 사소한 사건을 객체의 생에서 동등하게 결정적이라고 여기는 터무니없는 견해를 기피하고 싶다면, 객체의 바로 그 실재를 전환하는 비교적 드문 사건들을 분리할 수 있는 기준이 필요하다. 우리가 모든 관계를 그 관계항들에 중요하다고 여긴다면, 매 순간이 그저 여타의 순간만큼 중요한 "점진론"적 존재론으로 빠져들게 된다. 진화생물학에서 과도한 점진론에 대항하는 한 가지 유명한 방식은 단속평형론이다.[1] 이 경우에는 종이 무작위적인 유전자 변이와 더 약한 개체의 약간 더 높은 사망률을 통해서 점진적으로 진화하기보다는 오히려 비교적 안정한 더 장기적인 기간들 사이에 틈틈이 끼워져 있는 갑작스러운 도약을 통해서 진화가 일어난다. 이 상황은 비유물론적 이론에 대한 좋은 출발점이 된다. 하지만 단속평형에 내포된 함의는 우리의 목적에 대해서 여전히 너무나 사건지향적인 것으로 판명될 수 있을 터인데, 그 이유는 어쩌면, 공룡을 멸종시켰을 수도 있는 것으로 유명한 유카탄반도 운석의 경우처럼, 갑작스러운 종 변화가 주로 급격한 환경 변화에서 비롯되는 것으로 이야기가 전개될 것이기 때문이다. 그러므로 우리에게 더 나은 모형은 (린 세이건으로도 알려진) 린 마굴리스의 연속 세포 내 공생설에서 찾아낼 수 있는데, 마굴리스는

1. Niles Eldredge and Stephen Jay Gould, "Punctuated Equilibria," *Models in Paleobiology*, pp. 82~115.

진핵세포 내부의 소기관이 나중에 통합 세포의 부속 성분이 되기 전에 한때 독립적인 생명체였다는 이론을 선도적으로 옹호했다.[2] 생물학 교과서에 정식으로 기술되기 전에는 애초에 무시당하거나 거부되었던 이 이론의 중요한 논점 중 하나는, 자연 선택을 통한 유전자 풀의 점진적인 형성이 개별 유기체들의 획기적인 공생보다 덜 중요한 진화의 힘이라는 주장이다. 그 착상은 진화생물학의 권역을 넘어서는 명백한 가치를 갖는데, 예를 들면, 인간의 일대기에서 그렇다. 우리는 인생의 주요 계기들이 자신의 개인 방에서 이루어지는 내성적 궁리에서 비롯되는 경우는 거의 없음을 깨닫는다. 오히려 이들 계기는 대체로 사람, 직업, 기관, 도시, 좋아하는 저자, 종교를 통해서 생겨나거나, 또는 인생을 바꿀만한 어떤 다른 유대 속에서 생겨난다. 자신의 내밀한 머릿속에서 거대한 사건이 발생하는 그런 상황에도 이것은 자신이 차후 전념하는 중요한 관념이나 결단과의 공생 형식을 취한다. 그 용어의 협동적 인상을 주는 어원에도 불구하고 공생은 흔히 호혜적이지 않은데, 이를테면 내가 도착함으로써 이집트의 굴곡 많은 수도가 새로운 단계에 진입했다는 자기도취적 망상에 유혹당하지 않으면서 2000년에 카이로로 이

2. Lynn Sagan, "On the Origin of Mitosing Cells," *Journal of Theoretical Biology*, vol. 14, no. 3, 1967, pp. 225~74; Lynn Margulis, *Symbiotic Planet* [린 마굴리스, 『공생자 행성』].

주한 사태를 내 인생의 전환점으로 인식하기는 쉽다. 어쨌든, 다른 사회적 객체들과 마찬가지로, 인간에게는 하나의 삶이 있는 것도 아니고 많은 삶이 있는 것도 아니라, 몇 개의 삶이 잇따른다.

공생 모형이 시사하는 것은 일반적인 두 가지 대안이 모두 틀렸다는 점인데, 요컨대 존재자는 영원한 특질도 없을 뿐만 아니라 시간 자체의 흐름에 따라 변화하고 점멸하는 '수행적' 정체성의 유명론적 유동도 없다. 오히려 우리는 객체가 평생 많은 전환점이 아니라 몇 개의 전환점을 겪는다고 여겨야 한다. 이들 전환점 중 일부는 대규모 전투, 독재자의 등극, 또는 첫눈에 반한 사랑처럼 역사적으로 요란하다. 하지만 일부 요란한 사건들은 중요하지 않은 것으로 판명되는 한편으로, 공생이라는 사건은 조용히 일어난 지 잠깐 후에 또는 오랜 시간이 지난 후에 그 영향이 환경에 기입된다. 이런 상황으로 인해 강조점이 행위자와 작용에서 벗어나게 되는 한편으로, 객체가 작용하고 있지 않을 때도 그것을 진지하게 여기는 새로운 도구를 제공받게 된다. 알랭 바디우의 철학이 갖는 광범위한 호소력의 일부는 사건들이 비교적 드물다는 그의 강력한 직관에서 비롯된다.[3] 하지

3. Alain Badiou, *Being and Event*, trans. O. Feltham, London, Continuum, 2006. [알랭 바디우, 『존재와 사건』, 조형준 옮김, 새물결, 2013.]

만 바디우는, 자신이 키르케고르와 사르트르에게서 흡수한 다량의 실존주의에 따라, 그런 사건들을 인간 주체의 확신에 너무나 일방적으로 뿌리내리게 하는 근대주의자이자 관념론자다. 이에 맞서 우리는 공생적 변화가 항상 인간 헌신의 문제인 것은 아니라는 점을 인식해야 하는데, 그 이유는 그 변화가 자신이 어쨌든 불가역적으로 관여해 버렸을 연애 사건, 종교적 개종, 정치적 혁명, 또는 기업 합병에 대해 변함없이 헌신적이지는 않을 게으름뱅이에게도 영향을 미치기 때문이다. 그런데도 우리는, 바디우가 올바르게도 헛된 일이라고 일축하는, 운동을 위해 운동의 끊임없는 흐름을 수용하기보다는 오히려 역사를 양자화하려는 그의 바람을 이해할 수 있다. 하지만 비유물론은, 바디우가 사라진 사건의 중요성에 인간의 보증을 내세운 점은 존재자의 생의 전환점에 대한 최선의 기준이 아니라고 주장한다. 오히려 우리는 진정한 불가역성의 전환점을 특징짓는 공생을 찾아야 하는데, 그런 전환이 일어날 때 그 주체가 의식이 또렷하든, 도취 상태에 있든, 결의에 차 있든, 영웅적이든 간에 말이다.

또한 독자는 '공생'과 관련하여 내 용법이 질 들뢰즈의 용법과 어떻게 다른지 궁금해할 것이다. 들뢰즈는 클레르 파르네와 나눈 대담에서 다음과 같이 진술한다. "회집체의 유일한 통일성은 공共기능의 통일성인데, 그것은 하나의 공생, 하나의 '동조'다. 중요한 것은 결코 친자관계가 아니고 오히려 동맹, 혼합인데, 이것은 계승, 계보가 아니라 감염, 전염, 바람이다."[4] 들뢰즈가 공생이라는 용어로 의미하는 바가 실제로 무엇이든 간에, 이 구절에서 분명한 것은 그가 OOO의 의도보다 더 넓은 의미로 그 용어를 사용한다는 점이다. (감염과 전염, 바람은 말할 것도 없고) 모든 동맹과 혼합이 공생으로 여겨지기에 족하다면 들뢰즈는 이 국면에서 우리에게 도움이 되지 않는데, 그 이유는 '공생'이라는 용어와 관련된 우리의 목적은 관계에 관한 ANT의 이미 넓은 개념을 좁히는 것이기 때문이다. 오히려 우리는, 단순히 식별 가능한 상호 영향을 초래하기보다는 그 관계항 중 하나의 실재를 변화시키는 어떤 특정한 유형의 관계를 가리키는 데 그 용어를 사용한다.

나는 지금까지 공생을 비유물론적 이론의 주요 개념으로 언급했고, 게다가 어떤 객체의 생에서 이루어지는 각각의 새로운 공생은 하나의 단계stage를 생성함을 암시했는데, 여기서 우리는 데란다가 자연과학에서 "상변화"phase-change라는 용어를 차용하면서 이미 다른 의미로 사용하는 "상"phase이라는 용어보다 단계라는 용어를 사용한다. 그중에서 요란한 사건이 공생으로 오인되는 유사공생pseudo-symbi-

4. Gilles Deleuze and Claire Parnet, *Dialogues II*, trans. B. Habberjam, E. R. Albert, and H. Tomlinson, New York, Columbia University Press, 2002, p. 69.

osis도 존재하는데, 유사공생이라는 이 개념은 설명이 부족한 "유사사건"pseudo-event이라는 바디우의 관념과 다소 닮은 데가 있다.[5] 여기서 더 중요한 것은 공생이라는 개념 자체에 존재하는 명백한 애매성이다. 마굴리스는 전면적인 새로운 종의 출현을 가리키는 데 공생이라는 용어를 사용한다. 겉으로 보기에 다른 방식으로, 비유물론은 공생을 새로운 객체의 창조라기보다는 오히려 동일한 객체의 생에서 전개되는 유한한 수의 각기 다른 국면을 밝히는 열쇠로 제시한다. 공생이라는 개념이 없다면, 우리에게는 철학적으로 세 가지 바람직하지 않은 결과 중 하나가 남게 될 것이다. (1) 얼마나 중요하든 얼마나 사소하든 간에 모든 국면이 대단히 동등하다고 여기는, 객체의 생에 대한 점진주의적 설명, (2) 객체의 생에서 사소한 국면과 중요한 국면 사이의 차이를 인정하지만, 이들 변화가 외부의 객체들에 미치는 영향의 정도에 근거하는 외재적 기준을 사용하는 비점진주의적 설명, 그리고 (3) VOC의 각 국면을 신규 객체로 여기고, 그리하여 그 객체에 있어서 별개의 단계들을 설정하려는 노력을 방해함으로써 우리가 어쩔 수 없이 각각의 객체에 대해서 관점 (1)이나 관점 (2)를 국소적으로 사용하게 하는 대안적 공생설이 있다.

---

5. Alain Badiou, *Being and Event*. [바디우, 『존재와 사건』.]

공생적 단계가 동일한 객체의 생에서 전개되는 별개의 국면을 가리키려면, 그 단계는 당연히 객체의 탄생 및 죽음과 구분되어야 한다. 당분간 단계에 집중하기 위해, 우리는 VOC의 공식적인 개업 시기와 폐업 시기를 잠정적으로 수용할 것이다. VOC의 탄생은 네덜란드 향신료 무역의 자율적인 전매 회사로서 그 기업이 공식으로 설립된 1602년에 이루어지는 듯 보이고, VOC의 죽음은 나폴레옹의 통치 아래 새로 들어선 네덜란드 정부에 의한 VOC의 국유화와 더불어 1795년 말에 일어나는 것으로 보인다. 이제 우리는 그 기업의 잠정적인 탄생과 죽음 사이에서 일어나는 주요한 단계들을 결정해야 한다. 여기서는 ANT도 새로운 유물론도 도움이 되지 않는데, 그 이유는 우리가 VOC가 실행한 행위와 별개일 뿐만 아니라 그것이 존재한 시기의 명시적으로 '뭉뚱그려진' 시대구분과도 별개인 VOC-객체를 추구하기 때문이다.

2부 네덜란드 동인도회사

6. 네덜란드 동인도회사의 소개

7. 공생에 관하여

8. **코엔 총독**

9. 바타비아, 향신료 제도, 말라카

10. 아시아 내부의 네덜란드 동인도회사

11. 행위자-네트워크 이론에 관한 재논의

12. 탄생, 성숙, 퇴락, 죽음

13. 객체지향 존재론 방법의 15가지 잠정적인 규칙

반복적으로 제기되는 20세기의 지적인 수사적 표현 중 하나는, 사물은 행위로 대체되어야 하고, 정적 과정은 동적 과정으로 대체되어야 하며, 명사는 동사로 대체되어야 한다는 관념이다. 베르그송과 제임스에서 하이데거에 대한 어떤 동학적 독법들과 화이트헤드를 거쳐서 더 최근의 들뢰즈적 조류들에 이르기까지 '생성'은 혁신가들의 영원한 비장의 수법으로 찬양받는 한편으로, '존재'는 예전 시대의 의고적 철학들로의 얼빠진 퇴행으로 비난받는다. OOO는 정반대의 원리를 강조하기로 정하는데, 그 이유는 생성이 허황된 것이기 때문이 아니라 단지 과정에 연루되지 않은 무언가가 없다면 일시적인 과정이 일어날 수 없기 때문이다. 브라이언트를 비롯하여,[1] 여전히 많은 저자가 '어떤 사물이 행할 수 있는 것'이 '그것이 무엇인가'에 관한 물음보다 더 중요하다고 주장한다. '할 수 있다'라는 낱말을 강조하면, '어떤 사물이 행할 수 있는 것'이라는 구절은 어떤 존재자가 단지 그것이 바로 지금 실제로 행하는 것일 뿐이라는 이론을 적어도 한 걸음 넘어서는데, 이 한 걸음은 아리스토텔레스가 자신의 잠재태라는 개념을 통해서 메가라학파를 넘어서는 것과 유사하다. 하지만 진보로 여겨지는 이 논증은, 결국에는, 사물이 자신의 환경에 현재 미치거나 어쩌면 언젠가는 미칠

1. Levi R. Bryant, *Onto-Cartography*, p. 17.

어떤 종류의 영향 외에는 아무것도 중요하지 않다고 여전히 가정한다. 이것은 다양한 방식으로 객체에 관한 우리의 시야를 가릴 위험이 있는데, 이 상황은 존재론적 물음을 제기할 뿐만 아니라 방법론적 영향도 미친다. 예를 들면, VOC를 '그것이 무엇인가'라기보다는 '그것이 행할 수 있는 것'으로 구성되어 있다고 잘못 해석한다면, 우리는 그것의 평생에 일어난 가장 극적인 사건들에 과도하게 반응하기 쉬울 것인데, 그 이유는 이들 사건이 사물이 제공할 수 있는 가장 생생한 '행함'의 사례들이기 때문이다. 더 구체적으로, 'VOC가 행할 수 있는 것'의 두드러진 부분들과 두드러지지 않은 부분들의 어떤 잠정적인 목록도 대규모 행사와 전쟁, 결혼, 조약, 학살, 병합, 발견을 과도하게 강조할 것이다. 우리가 추구하는 것이 그 회사가 역사적으로 미친 영향이 가장 큰 계기들이라면 이런 접근법이 올바른 전략일 것이다. 하지만 여기서 우리는 다양한 행운의 객체나 불운의 객체에 중요했던 모든 VOC 사건에 관심이 있는 것이 아니고, 오히려 단지 VOC 자체에 중요했던 사건들에 관심이 있을 뿐이다.

공생은 일단 그런 연결이 생겨나면 하나의 사건으로서 동사로 서술될 수 있음이 확실하더라도, 공생이라는 개념의 핵심은 언어적으로 명사로 표현되는 두 객체 사이에서 이루어지는 연결이다. 일단 시작하기 위해, '명사는 사람이나 장소, 사물'이라는 오래된 학교 분류법을 잠정적으로 채택하면서 이런 구분이 순전히 자의적인지 아니면 그것이 우리를 위해 실제적인 지적 작업을 행할 수 있는 탄탄한 기초를 갖추고 있는지에 대해서는 당분간 걱정하지 말자. 여기서 우리는 VOC에 관한 가용정보를 조직하고 있을 뿐이다. 전통적인 작업 순서에 따라 '사람' 유형의 명사로 시작하자. 인문학과 사회과학에서는 꽤 흔하게도, 사람의 역할을 둘러싼 주장들은 우리가 위대한 개인들의 극적인 기여를 강조하는지 아니면 집단들의 단편적인 팀워크를 강조하는지에 관한 물음으로 요약된다. 누군가가 어느 쪽을 선택하는지는 흔히, 우연히 발언하고 있는 사람의 엘리트주의적이거나 아니면 평등주의적인 정치적 본능과 각각 암묵적으로 연관된 것처럼 보인다. 문제는, 우리가 역사는 개인들 주위를 공전한다고 생각하든 집단들 주위를 공전한다고 생각하든 간에, 두 선택지가 모두 사람이라는 인간 중심적인 통화로 거래한다는 점이다. 비유물론은 그 대신에 객체라는 통화로 거래하고, 그리하여 우리는 흔히 인간의 상이한 경력들을 어떤 근본적인 객체에 대한 다양한 반응으로 여길 수 있게 된다. 예를 들면, 중요한 유럽 철학자들은 흔히 서너 명의 집단을 이루어 나타나는데, 추정컨대 그 이유는 인간의 유전적 재능이 특정한 역사적 시기에 돌출하기 때문이 아니라, 한 시대를 장악하는 어떤 근본적인 새로운 관념을 표현하는 상이한 방식이 몇 가지 있을 개연성이 다분하기 때문이다. 이런 점에서, 개인과 집단 둘 다 그들이 결부된 객체보다 덜 중요하다.

그런데 객체에 중점을 두는 OOO는 인간을 논의에서 배제하거나 근절함으로써 객체들에 접근하게 됨이 틀림없다고 흔히 잘못 가정된다. OOO에 대해서 제기되는 부당한 의문 중 많은 것이 이와 같은 그릇된 가정을 품는다. "인간 없는 예술은 어떤 모습일까?" "인간 없는 건축은 어떤 모습일까?" 요점은, 모든 주어진 상황에서 인간을 제거하는 것이 아니라, 인간이 단지 외부에서 방관하는 특권적 관찰자라기보다는 오히려 인간 자신이 공생의 구성요소가 되는 방식에 주의를 집중하는 것이다. 우리는, 인간 자신이 객체라는 점과 인간이 자신의 시간과 장소의 단순한 산물이 아니라 자신이 직면하는 모든 환경에 맞서 대처하면 할수록 그 자신이 객체로서 더욱더 풍성해지고 중요해진다는 점을 기억해야 한다. 이런 이유로 인해, 우리는 공생을 고찰할 때 VOC의 역사에서 눈에 띄는 개인들을 살펴봄으로써 시작하는 편이 좋을 것이다. 이런 접근법은, 마치 낭만주의에 의해 생성된 것이라면 무엇이든 본질적으로 그릇된 것처럼, 역사에 관한 '위인' 이론과 '천재에 관한 낭만주의적 구상'을 한탄하는 유형들의 성향과 어긋난다. 최근의 경향은 왕과 대장과 그들의 조약과 전쟁에 관한 전통적인 하향식 이야기보다 일상생활과 점진적인 집단적 성취에 관한 연구에 더 집중했고, 게다가 진보적 민주정치는 그 점을 반드시 요구한다는 흔히 진술되지 않은 가정이 존재한다. 그리고 실제로, 네덜란드에서 나타난 어떤 집단적 특질들 — 네덜란드 사람들의 뛰어난 해사 기술과 조선 기술, 이전의 스페인 지배자들에 의해 신생 국가에 제기된 실존적 위협, 역사상 그 시점에 네덜란드 사람들 전체의 개인적 야망과 국가적 야망의 비상 — 이 없었다면 네덜란드 동인도회사 같은 객체가 결코 생성될 수 없었던 것은 사실이다. 아무튼 그런 요소들이 VOC의 탄생에 결정적이지만, 여기서 우리는 그 대신에 그 기업의 공생적 전환에 관해 언급하고 있고, 게다가 공생은 더 광범위한 집단적 특성들보다 어떤 주어진 개인의 특이점들과 더 쉽게 연계되는 우연의 요소를 포함한다. 달리 서술하면, 우리가 두드러진 개인들을 찾기 시작하는 유일한 이유는 새로운 단계의 인접한 원천이 위원회나 국가의 통계적 평균보다 한 사람의 독특한 전망이나 의지와 더 자주 연계되기 때문이다. 위원회나 국가의 통계적 평균은 현 상황을 변화시키기 위한 인접한 원인이나 촉매라기보다는 현 상황의 요소로 이미 포함된 배경 조건에 속한다.

VOC의 전체 역사를 조사하면 가장 두드러진 인물은 명백히 얀 피에테르손 코엔(1587~1629)인데, 오늘날 그는 고전적 제국주의 악당으로 여겨진다.[2] 엄격한 칼뱅주의적 경건함의 마음가짐으로 협잡과 학살을 저지를 수 있음이 판명된 코엔은 VOC의 총독으로서 두 번의 임기(1618~23년과 1627~9년)를 복무했는데, 그사이 짧은 기간에 암스테르담에서 거주했다. 스티븐 R. 브라운의 글을 인용하면, "코엔은 폭력 사용이 VOC가 번성하는 유일한 길이라고 확실히 믿었다. 회계사로 훈련받은 코엔은 탁월한 책략가이자 무자비한 완력가임이 판명되었다."[3] 코엔의 경력에서 일어난 수많은 극적인 우발 사건 중에 다음과 같은 12가지 사태가 모든 전기 작가에게 가장 주목할 만한 것처럼 보일 것이다.

- 1609년 : 청년 코엔은 피에트루스 베르호펜 장군과 VOC 직원이 반다라는 향신료 섬의 주민들에 의해 매복 공격을 받고 학살당하는 사태를 목격하는데, 이 사태는 섬 주민들이 무역 독점권에 대한 VOC의 요구를 불쾌하게 받아들인 직후에 일어났다.
- 1613년 : 코엔은 암본이라는 향신료 섬에서 영국 동인도회사(이하 EIC)의 지휘관 존 조데인과 모욕적인 언사를 주고받는데, 요컨대 코엔은 조데인에게 영국인들은 그곳에 있을 권리가 없다고 말한다.
- 1614년 : 코엔은 동인도 무역의 전면적인 VOC 독점권에

---

2. Stephen R. Brown, *Merchant Kings*, pp. 9~55.
3. 같은 책, p. 31.

대한 광범위한 전망을 펼치는 『인도 정세 논고』*Discourse on State of India*라는 악명 높은 책을 저술한다.

- 1616년 : 코엔은 아이Ai라는 향신료 섬에서 EIC 수비대를 위협하여 그들을 철수시키고 VOC가 그 섬을 쉽게 점령하게 하는데, 한편으로 영국은 인근의 룬Run이라는 섬을 계속 보유한다.
- 1618년 : 코엔은 자신의 상사가 사임한 후에 31살의 나이에 VOC 총독으로 승진하게 된다. 네덜란드와 영국 병사들은 두 나라가 모두 교역소를 보유하고 있는 자바 북서부 지역에 있는 반텐Banten의 거리에서 전투를 벌인다. 코엔은 VOC 본부를 동쪽으로 대략 80km 떨어진 자야카르타(자카르타)로 옮긴다.
- 1619년 : 코엔은 자야카르타에 있는 영국의 교역 지역을 불태우라고 명령한다. 토머스 데일 경이 지휘하는 EIC 함대는 그 도시를 봉쇄하고 잔인한 해상 전투를 잇달아 벌이는데, 처음에는 영국 해군이 승리한다. 코엔은 자카르타에 있는 자신의 병사들에게 자기 위치를 고수하라는 명령을 내린 후에 배를 타고서 동쪽으로 피신한다. 데일은 코엔을 추적하지 않고 얼마 후에 자신의 함대를 인도로 철수하기에 코엔은 귀환하여 자야카르타 전체에 대한 강력한 공격을 명령하는데, 결국 그곳에 네덜란드 요새를 세운 후에 '바타비아'로 개명한다. VOC에 향신료 무역의 3

분의 2에 대한 권리를 부여하고 이미 패배한 EIC에게 나머지 3분의 1에 대한 권리를 부여하는, EIC와 맺은 새로운 휴전 협정을 존중하라는 명령을 암스테르담의 VOC로부터 받았을 때 코엔은 격노한다.

- 1621년 : 코엔은 반다로 돌아와서 12년 전에 일어난 베르호펜 부대의 학살에 대한 복수를 실행한다. 도착한 후에 코엔은 VOC와 섬 주민 사이에 화평을 제안하는 한 영국인에게 욕을 하면서 그를 난폭하게 밀친다. 코엔은 일본인 용병들이 반다의 지도자 45명을 터무니없게 고문하여 처형하게 시켰는데, 그런 야만 행위는 코엔의 VOC 부하들도 유감스럽게 여길 정도였다. 살아남은 반다 주민 대다수는 체포당해서 배에 태워져 바타비아로 수송된 다음에 노예로 팔리게 된다.
- 1623년 : 코엔의 정책은 VOC의 통제 지역 바깥에 있는 육두구 나무를 전부 뽑아버린 다음에 반다 제도를 독점적인 단일재배체계로 전환하는 것이었는데, 요컨대 네덜란드 공장주의 감독 아래 노예를 부려 운영함으로써 VOC에 저렴한 고정가격으로 육두구를 판매하게 하는 체계를 확립하고자 하였다.
- 1623년 : 코엔은 총독으로서 자신의 첫 번째 임기를 마친다. 암스테르담으로 떠나기 전에 코엔은 암본에 있는 자신의 부관인 헤르만 반 스페울트에게 그곳에 파견된 소규모

영국 부대를 면밀히 감시하라고 충고한다. 자신의 임무에 빨리 재미를 붙인 반 스페울트는 음모를 간파했다고 주장한다. 그는, 가끔 저녁 식사를 함께한 영국인 선장 가브리엘 타워슨을 비롯하여, 수많은 영국인과 일본인, 포르투갈 사람을 잔인하게 고문하고 처형했다. 이 사태로 인해 1619년에 VOC와 EIC 사이에 맺은 공동협정이 종료되고, 수십 년 동안 유럽에서 VOC의 명성이 실추된다.

- 1627년 : 코엔은 총독으로서 자신의 두 번째 임기를 보내기 위해 바타비아에 도착한다. 그는 술탄 아궁Agung이 이끈 신흥 마타람 제국의 장기 포위 공격을 이겨낸다.
- 1628년 : 술탄 아궁은 다시 공격하는데, 이번에는 압도적인 무력으로 감행한다. 하지만 코엔은 VOC의 뛰어난 해군력을 사용하여 마타람 곡물 바지선들을 파괴하는데, 그리하여 아궁의 군대는 굶주리게 되어 패배한다.
- 1629년 : 코엔의 12살짜리 네덜란드-일본 혼혈 피후견인(이자 동료의 딸인) 사르트예 스펙스는 15세의 네덜란드 병사와 함께 성적 비행의 현행범으로 체포된다. 코엔은, 그 병사는 목을 베게 하고 사르트예는 처음에 익사시키기로 한 후에 마음을 바꿔 공개적으로 채찍형을 당하게 한다. 코엔은 42세에 바타비아에서 이질 혹은 콜레라로 죽는다. 하필이면 사르트예의 부친인 자케스 스펙스가 코엔 후임 총독이 된다.

여기에는 흥미뿐만 아니라 환멸도 불러일으키는 것이 많이 있다. 우리가 행위에 집중하면, 즉 코엔이나 VOC가 무엇인지에 집중하기보다는 오히려 '코엔이 행하는 것' 또는 'VOC가 행하는 것'에 집중하면, 이들 우발 사건은 모두 엄청나게 중요하고, 대부분은 누군가의 생이나 어떤 장소의 역사에서 전환점으로 여겨진다. 하지만 여기서 우리는 한 사람으로서의 코엔보다 VOC에 더 관심이 있고, 게다가 다양한 사건에 책임이 있는 행위자라기보다는 오히려 공생을 통해서 단계를 전환하는 객체로서의 VOC에 관심이 있다. 이런 견지에서 살펴보면, 위 목록에서 단지 세 가지 항목만이 공생으로 지칭될 좋은 후보인 것처럼 보인다. 그중 두 항목 — 1619년 VOC의 지역 중심지로서 바타비아의 건설, 그리고 1623년 암본에서의 학살과 그 결과로 향신료 제도 전체에 대한 그 기업의 지배 — 은 장소를 포함하기에 다음 절을 위해 유보된다.

그러나 당분간 우리는 어쩌면 또 하나의 공생적 계기에 해당할 사태에 집중할 것인데, 그것은 1614년에 코엔이 VOC 암스테르담 본사의 기업 이사회인 이른바 '17인의 신사'Heeren XVII에 『인도 정세 논고』를 제출한 일이다. 더욱이, 그 논고의 일부만이 우리에게 흥미롭다. 『인도 정세 논고』의 일부는 다른 유럽 강국들에 대한 네덜란드의 국가안보를 다룬다. 스페인과 포르투갈은, 네덜란드의 정치적 독립을 억압하려는 그 양국의 현행 노력을 참작하면, 어떤 자비도 받을 자격이 없다고 한다. 그러므로 코엔은 동인도에 남아 있는 포르투갈 사람들의 재산에 대한 공격뿐만 아니라 필리핀에 거주하는 스페인 사람들의 재산에 대한 공격도 정당하다고 생각한다. 향신료에 대한 VOC의 유럽 독점권을 보장하기 위해 영국 역시 그 지역에서 무역 활동이 금지되어야 한다. 이 중 어느 것도 전적으로 새로운 것은 아니다. 1609년에 베르호펜과 그의 부하들이 학살당한 바로 그 이유는 그들이 반다에서 이루어지는 향신료 무역에 대한 독점권을 시행하고 싶어 했기 때문이다. 일찍이 VOC가 탄생한 1602년에도 볼페르트 하르먼손 선장은 네이라라는 향신료 섬에서 섬 주민들이 그들의 전통적인 아랍인과 중국인, 자바인 파트너들 ― 이들은 모두 네덜란드인들보다 더 유용한 재화를 교환 대가로 제공했었다 ― 과 거래하는 행위를 금지했었을 계약 독점권을 시행하려고 시도했었다.[4] 하지만 코엔의 논고는 더 체계적인 계획을 펼치는데, 요컨대 브라운은 다음과 같이 지적한다.

> 그것은 터무니없이 야심적인 전망이었는데, 그 범위가 매력적일 정도로 넓었다. 〔VOC는〕 그 전망을 보장하는 데 필요

---

4. 같은 책, pp. 11~2.

한 불미스러운 불특정 폭력을 간과하면서, 도취하게 만드는 이 계획을 수용했다. 이제 그들은 유럽-아시아 무역뿐만 아니라 아시아의 섬과 섬 사이 해운도 지배할 꿈을 꾸었다.[5]

하르먼손은 유사한 계획을 얼핏 떠올렸지만 동인도 전역에서 이루어지는 모든 지역 무역에 대해 체계적인 주장을 하지 못했고, 게다가 사실상 네이라의 주민들은 그의 한정된 요구도 결코 진지하게 여기지 않았다. VOC를 전환한 공생은 그 기업이 코엔의 논고를 편입한 사태였는데, 그 결과 VOC는 자율적인 네덜란드 무역 독점기업에서 준식민주의적 강탈 기계로 변모했고 VOC의 난폭 행위들은 젊은 독립국 네덜란드가 직면한 실존적 위기로 합리화되었다.

우리는 왜 첫 번째 공생의 시기를 그 문서가 반다에서 학살과 노예화라는 끔찍한 방식으로 처음 시행된 1621년이라기보다는 오히려 1614년으로 정하는가? 그 이유는 이들 잔혹 행위가 새로운 기업을 구성하기보다는 단지 새로운 VOC를 그 결과를 통해서 세계에 공표했을 뿐이기 때문이다. VOC가 코엔의 문서를 거부했었더라면, 그는 어쩌면 여전히 반다에서 베르호펜의 유령이라는 이름 아래 복수 공격을 수행했었을 것이지만, 이것은 VOC에 대한 새로운 실

5. 같은 책, p. 34.

재를 표현하지 않은 채 VOC의 명성을 훼손시켰을 수치스러운 일회성 유혈 사태에 불과했었을 것이다. 객체는 존재하려면 행동해야만 하기보다는 오히려 행동하려면 존재해야만 하므로 당연히 모든 객체는 환경에 자신의 영향을 기입하기에 앞서 얼마간의 휴면 기간을 가져야 한다. 객체나 계기가 탄생한 다음에 그것이 외부 객체와 관계를 맺기 전에 시간 지연이 존재한다. 휴면 객체는 실제로 존재하지만 다른 객체에 영향을 미치지 않거나, 또는 적어도 아직은 미치지 않는 존재자다.

어쨌든, 우리는 VOC를 본질적으로 영향을 미치는 행위자로 여기기보다는 오히려 그것의 행위들을 본질적으로 그것의 실재에 대한 여진으로 여겨야 한다. VOC는 그것이 행하는 것이 아니라 대체로 의심받는 '무엇임'인데, 요컨대 '무엇임'은 이중 환원하기의 두 번째 원리, 즉 '그것을 구성하는 것'과 혼동하지 말아야 한다. 새로이 코엔적인 VOC의 행위들이 그 이웃들에게 아무리 획기적이었더라도, 1614년 VOC의 관점에서 바라보면 이들 행위는 단지 우발 사건일 뿐이었는데, 고전 철학의 용어로 표현하면 그것들은 우유적인 것accident이다. 이런 휴면 중인 VOC를 무가치한 물자체로 일축하거나, 또는 그것이 궁극적으로 미치는 영향을 통해서만 적실하다고 여기는 것은 승리만이 어떤 사물의 실재를 결정하는 휘그 사관Whig history을 따르는 것인데, 이를테면 1990년대 이전 홉스주의적 판본의 ANT에서 그런 것처럼 말이다. 모든 역사적 국면에는 단지 승자들과 패자들만 있는 것이 아니라 여전히 불확정적인 전前승자들과 전前패자들도 있기에, 동인도의 존재론도 이들을 고려해야 한다. 이 단계에서는 무엇보다도 EIC가 그들에 속한다. EIC는 사실상 VOC보다 2년 앞서 설립되었지만 이 시기에는 훨씬 더 약한 객체였는데, 부분적으로 그 이유는 EIC 선장들이 제각기 비교적 독립적이었기 때문이다. 데일은 자신의 명목상 부하들이 도주하는 코엔의 선단을 추적하여 파괴하도록 설득시키지 못했을 때 그 점을 깨달았다. 아체와 조호르, 반텐, 중국, 일본의 계속 남아있는 세력은 말할 것도 없고, 자바에서 거의 승리할 뻔한 마타람 제국과 더불어 인력과 지분이 점점 줄어들고 있던 포르투갈도 있었다. 역사는 다른 객체들에 비해 어떤 객체들이 거둔 더 큰 성공을 인정할 수밖에 없는데, 예를 들면, 에트루리아인들보다 로마인들의 더 큰 성공, 미합중국 왕당파보다 미합중국 독립파의 더 큰 성공, 그리고 거부당한 세브르 조약보다 아타튀르크 독립군의 더 큰 성공이 있다. 비유물론적 존재론은 적이나 객체 자체를 약화하거나 파괴하는 갈등보다 객체의 공생을 더 중시한다는 점에서 역사에서 벗어난다.

한 가지 함축된 의미는 객체가 사건에 의존하기보다 사건이 객체에 의존한다는 것이다. 가톨릭과 프로테스탄트의

30년 전쟁(1618~48)이라는 주요 배경 아래 체결되었던 1619년의 영국-네덜란드 휴전협정을 고찰하자. 당연히 이 휴전협정은 결정적 사건으로 여겨졌어야 했고, 게다가 코엔의 최대주의maximalism적 VOC의 유아 사망으로도 여겨졌어야 했다. 불과 5년 전에 코엔의 사악한 논고에 매혹되었던 VOC의 이사들이 유럽의 정치 상황이 변함으로써 갑자기 태도를 바꾸어 이미 패배한 영국에 향신료 무역의 3분의 1을 기꺼이 넘겨주었다. 코엔은 이 새로운 상황에 쉽게 위축당했을 수도 있었고, 혹은 암스테르담이 내린 명령에 복종함으로써 그 자신의 경력에 더 도움이 되리라고 그냥 결정했을 수도 있었다. 만약 그랬더라면 코엔적인 VOC는 소멸했을 것이고, 그 결과 새로운 비코엔적인 VOC가 휴전협정과의 공생을 통해서 탄생했을 터인데 어쩌면 원만해진 코엔 아니면 차분한 새 총독이 그 기업을 이끌었을 것이다. 그 대신에, 이 시기에 코엔이 죽었거나 사임했더라면, 어쩌면 그의 부관 중 한 사람이 삼촌 카이사르가 살해당한 사태의 여파를 수습한 아우구스투스처럼 그 난국에 대처하여 수완을 발휘하면서 코엔 자신과 마찬가지로 그 휴전협정에 대해 강경 노선을 취했을 수도 있다. 실제로 일어난 것은 코엔이 그 휴전협정을 질식사시킨 사태였다. 그리하여 코엔은 영국인들에게 군사적 행동을 교묘히 요구하게 되었는데, 사실상 코엔은 영국인들이 군사적 대응을 하지 못하는 실정을 파악하고 있었다. 일단 반다의 인구가 민족적으로 청소되고, 특히 암본에서 영국인들과 그 밖의 사람들이 학살당한 후에는 그 휴전협정-객체는 더는 실행 가능한 것이 아니었고, 코엔적인 VOC는 그것의 중추적인 요소 중 하나인 코엔이라는 인물이 죽었더라도 여전히 존속할 수 있었다. 하지만 그런 사실의 창출에 대한 원인을 객체들의 탄생에 돌리지 말아야 하고 — 그 이유는 이들 객체가 승리하거나, 패배하거나, 아니면 도대체 무언가를 행하기 전에 탄생했어야 하기 때문이다 — 오히려 이미 존재하는 객체들과 단계들 — 코엔적인 VOC, 암스테르담에서 구상된 대로의 휴전협정-VOC, 휴전협정-EIC, 그리고 수많은 촌장, 즉 오랑 카야orang kaya가 통치한 독립 반다 — 사이의 사활이 걸린 투쟁에 돌려야 한다. 모든 객체는 자신의 생애 초기에 사활이 걸린 투쟁을 벌이면서 '현실에 사실을' 확립하려고 시도해야만 한다. 그리하여 대다수 공생은 객체의 생애 초기에 나타나고, 따라서 상당히 지속하는 객체의 특질은 초기 시기가 끝날 무렵에 확립된다. 사건은 바로 그 순간에 일어날 수 없고, 오히려 객체의 탄생이나 새로운 단계의 여진이다.

무엇보다도 이 사실은 '위인들'이 일반적으로 그들이 공유하는 객체의 역사 초기에 다발을 이루어 나타나는 이유를 설명하는데, 왜냐하면 공생의 기회가 어떤 객체와 그 경쟁자들의 초기에 가장 쉽게 생겨날 수 있기 때문이다. 이미 언급한 대로, 중요한 유럽 철학자들은 거의 항상 서너 명씩 다발을 이루어 나타난다. 미합중국 사람들은 오늘날 자신들의 평범한 정치인들을 개탄하는데, 이들 정치인은 1775년과 1787년 사이에 혁명을 실행하고 헌법을 승인했던 십여 명의 건국의 아버지들과는 비교도 되지 않는다. 프랑스의 가장 예시적인 정치 영웅들은 대혁명 시대와 나폴레옹 시대에 무더기로 나타났다. 독일의 지적 생활은 어쩌면 영구적인 방식으로 1700년대~1800년대의 질풍노도Sturm und Drang와 낭만주의, 관념론으로 각인되어 있는데, 어쩌면 칸트와 괴테는 독일 지성사의 두 번 다시 없는 J. P. 코엔들일 것이다. 과학사가들은 어니스트 러더퍼드의 "물리학의 영웅시대"[6]라는 표현과 플랑크, 아인슈타인, 보어, 하이젠베르크, 슈뢰딩거, 그리고 러더퍼드 자신 같은 그 시대의 반신들을 여전히 신나게 언급하는데, 오늘날에는 그들의 성취에 버금가는 성취를 이룬 과학자가 전혀 존재하지 않는다. 탁월한 인물들의 그런 다발은 어떤 주어진 시대의 우수한 정신적 재능과 교육에서 비롯되는 것이 아니라, 생존하고 번성하려면 다른 객체들과의 공생이 필요한 아기 객체들의 짧은 발효 시기에서 비롯된다. 도덕적 의미에서 위대하지는 않

6. Richard Rhodes, *The Making of the Atomic Bomb*, New York, Simon and Schuster, 1986, p. 157. [리처드 로즈, 『원자 폭탄 만들기 1·2』, 문신행 옮김, 사이언스북스, 2003.]

더라도, 여기서 우리가 고찰하는 위대한 객체는 코엔 자신이라기보다는 오히려 코엔 식의 VOC다. VOC는 그 역사의 다른 시점에 코엔만큼 교활하고 무자비한 다른 고용인들이 있었음이 확실하다. 그런 인물들에게 없었던 것은 불확실한 기회를 붙잡을 적기였고, 게다가 코엔이 없었다면 그 기업에 없었을 것은 코엔의 『논고』이고 1619년 영국-네덜란드 휴전협정에 대한 코엔의 격렬한 경멸이다. VOC의 역사에서 그 기업의 바로 그 실재를 전환한 다른 사람은 찾아볼 수 없다. 우리가 역사에서 '우연성'을 찾아내려고 한다면, 그 이유는 언제라도 어떤 우발 사건이 역사의 행로를 전환할 것이기 때문이 아니다. 오히려, 그 이유는 단지 역사의 행로가 객체의 어린시절에 만연하는 여러 가지 가능한 공생에 대해 민감하기 때문이다.

2부 네덜란드 동인도회사

VOC의 공간적 영역은 방대했다. 교역 활동이 현재의 인도네시아에서 수행되었을 뿐만 아니라, 멀리는 서쪽으로 예멘과 이라크에서, 동쪽으로 일본과 타이완, 필리핀, 캄보디아에서 수행되었다. VOC는 1606년에 오스트레일리아를 발견했고 1642년에 뉴질랜드를 발견했는데, 그곳에 획득할 만한 상당한 부가 있었다면 그곳에서도 널리 교역이 이루어졌었을 것이 틀림없다. 명백하게도, VOC 지도 위의 지점들이 모두 똑같이 중요한 것은 아니었다. 지금까지 물리적 지리는 개체들의 역사보다 언제나 훨씬 덜 민주적이었는데, 어떤 평등주의적 선동가도 모든 장소가 동등하게 창조되었다고 주장하지 않을 것이다. 고대 이집트인들은 나일강으로 인해 위대해질 운명인 것 같았고, 영국인들은 유럽 섬으로서의 지위로 인해 해상 강국이 되고 자유주의가 발달할 운명인 것 같았으며, 그리고 프랑스인들과 독일인들은 위험한 대륙 경쟁자들로 둘러싸인 입지로 인해 해상 역량보다 육지 역량이 뛰어나고 강건한 국가주의가 발달할 운명인 것 같았다. 역사에 대한 지리적 해석은 정치적 현실주의자들이 추구한 지 오래되었는데, 최근에 재레드 다이아몬드의 널리 읽힌 『총, 균, 쇠』[1]와 더불어 다시 한번 대중의 주목을 급격히 받

---

1. Jared Diamond, *Guns, Germs, and Steel : The Fates of Human Societies*, New York, Norton, 1999. [재레드 다이아몬드, 『총, 균, 쇠 : 무기·병균·금속은 인류의 운명을 어떻게 바꿨는가』, 김진준 옮김, 문학사상사, 2005.]

게 되었다. 그렇지만 방금 나열한 모든 사례는 어쨌든 어떤 민족의 고향과 관련되어 있고, 그리하여 그 민족 탄생의 지리적 배경과 관련되어 있다. 이와는 대조적으로, 여기서 우리는 동양의 다양한 핵심 장소를 완전히 장악하게 되기 전에 이미 암스테르담에 뿌리를 내린 어떤 기업의 공생에 관심이 있다.

동인도의 지리는 매력적이고 중요하기에 여기서 간략히 서술할 만한 가치가 있다. 그 지역에 대한 서양의 접근은 수마트라라는 큰 섬에 압도적으로 집중되는데, 모양이 미합중국 켄터키주를 다소 닮은 그 섬은 북서쪽에서 남동쪽으로 놓여 있다. 수마트라의 북서쪽 끝은 유럽인들에게 오랫동안 가시로 남아있던 제국인 아체의 본거지였고, 그 섬의 서부 해안에는 대체로 후추 무역에 중요한 항구들이 산재했다. 두 개의 다른 땅덩어리에 근접해 있는 수마트라의 입지로 인해 그 지역에서는 장래의 제국주의적 강국에 대하여 두 가지 주요한 병목 지점이 형성된다. 수마트라는 동쪽으로 말레이반도에 가까운데, 오늘날에는 태국과 말레이시아, 싱가포르가 그 반도를 차지하고 있다. 그 둘 사이의 좁은 해로는 말라카해협으로 불리는데, 그 해협의 이름은 말라카라는 도시의 이름을 따서 지어졌다. 그 도시는 그 지역의 모든 강국에 전략적으로 중요했고, 오랜 기간 동안 포르투갈과 네덜란드, 영국에 의해 잇따라 점령당했다. 수마트라의 동남쪽 모퉁이에는 크라카타우라는 치명적인 화산섬이 자리 잡은 훨씬 더 짧고 좁은 순다해협이 있는데, 아시아와 유럽 사이의 통상에 대한 또 하나의 병목 지점을 제공한다. 수마트라에서 그 해협을 건너면 자바라는 더 작은 섬이 있는데, 그 모양이 롱아일랜드라는 미합중국의 섬과 대충 비슷하고 롱아일랜드처럼 직선의 동서축을 따라 뻗어 있으며 그 섬의 끝에는 오늘날의 독립국 동티모르와 함께 다도해가 길게 이어진다. 말라카해협의 동쪽에는 보르네오라는 섬이 있는데, 그 모양이 부풀어 오른 키프로스 섬과 매우 흡사하고 현재 키프로스 섬처럼 남(인도네시아)과 북(말레이시아와 소국 브루나이)으로 분할되어 있다. 보르네오의 동쪽에는 술라웨시(옛 명칭은 셀레베스)라는 인도네시아의 섬이 있는데, 그 섬은 묘하게도 인간 모양의 뱀 또는 도마뱀처럼 보인다. 술라웨시에서 동쪽으로 나아가면 반다해Banda Sea로 들어서는데, 그 유명한 향신료 제도가 술라웨시와 뉴기니 사이에 흩어져 있다. 향신료 제도의 남쪽에서는 암본섬과 그 북쪽에서는 말루쿠 제도 같은 중추적인 교역 장소들을 찾을 수 있다. 향신료 제도에서 북쪽으로 나아가면 마침내 필리핀, 타이완, 그리고 일본에 이르게 된다. 그 제도의 남쪽에 자리 잡고 있는 오스트레일리아는 간헐적인 탐사와 난파의 현장인 경우를 제외하면 VOC를 위한 역할을 거의 수행하지 않았다.

역사적으로 매혹적인 이 모든 장소 중 세 곳에 특히 VOC의 중추적인 이해관계가 걸려 있었다. 첫 번째 장소는 향신료 제도였는데, 그 당시에 세계에서 육두구와 메이스(같은 열매에서 비롯됨)를 찾아볼 수 있던 유일한 곳이었다. 또한, 이 제도는 정향의 탁월한 원산지이기도 했는데, 그리하여 이들 재화는 이윤 폭이 엄청나게 큰 독점무역의 대상이 되기 쉬웠다. 독점 가능성이 더 적은 정향도 유럽에서는 그 구매가의 25배 가격으로 팔릴 수 있었다.[2] 이런 이유로 인해 향신료 제도는 코엔 이전의 VOC도 염두에 두었던 향신료 교역의 독점권을 위한 완벽한 목표가 되었는데, 나중에 그 제도는 VOC가 저지른 잔혹 행위의 주요 무대로 특징지어진다. 향신료 제도 자체 외에 가장 중요한 장소들은 앞에서 언급된 수마트라 부근의 두 해협, 즉 북쪽의 말라카해협과 남쪽의 순다해협이다. 1511년 이후로 말라카에는 포르투갈인들이 정착했기 때문에 초기의 네덜란드인들은 어딘가 다른 곳에 집중적으로 거주했는데, 요컨대 북쪽보다는 순다해협 근처 자바의 서단 지역에 거주했다. 1641년이 되어서야 비로소 네덜란드인들은 말라카도 손에 넣는 데 성공했

---

2. Ian Burnet, *East Indies : The 200 Year Struggle between the Portuguese Crown, the Dutch East India Company and the English East India Company for Supremacy in the Eastern Seas*, Kenthurst, Rosenberg Publishing, 2013, p. 109.

고, 그리하여 옛 아랍과 중국의 무역 항로를 단일한 네트워크로 연결했다.[3]

VOC의 본사가 있던 암스테르담을 그 기업의 네 번째 중추적인 장소로 여길 사람도 있을 것이다. 하지만 이미 지적한 대로, 암스테르담이 지리적 모선으로서 VOC의 배경에 놓여 있지만, 바로 이런 이유로 인해 그 도시는 VOC의 탄생에서는 어떤 역할을 수행하지만 VOC를 변환시키는 나중의 공생에서는 아무 역할도 수행하지 않는다. VOC와 암스테르담의 연결관계가 이미 너무 밀접하여 그 도시는 이전에 확립된 것을 VOC가 변화시키는 데 걸림돌이 된다. 이 관념은 사회학에서 "약한 유대의 강함"으로 알려진 지가 오래되었다.[4] 가족 구성원들 사이, 또는 미합중국과 캐나다 사이의 유대처럼 친밀한 관계는 금융적 지원, 문화적 지원, 심지어 정서적 지원을 위한 강한 기반을 제공하지만, 매우 편안하고 가깝고 익숙하여서 행운과 조짐이 좋은 위기를 가져다주지 못하고 사태의 진전을 거의 견인하지 못한다. 암스테르담은 VOC의 안녕을 틀림없이 기원하고 충고와 지시를 확실히 제공할 수 있지만, VOC의 운영이 암스테르담과

---

3. Robert Parthesius, *Dutch Ships in Tropical Waters : The Development of the Dutch East India Company (VOC) Shipping Network in Asia : 1595-1660*, Amsterdam, Amsterdam University Press, 2010, p. 165.
4. Mark S. Granovetter, "The Strength of Weak Ties," *American Journal of Sociology*, vol. 87, no. 6, 1973, pp. 1360~80.

멀리 떨어져서 이루어지기에 VOC는 새로운 현지 장소들의 집합체를 독자적으로 구축하는 역할을 수행하게 된다.

(a) 바타비아

네덜란드인들은 위에서 서술된 세 가지 핵심 장소 중 순다해협에 가장 먼저 도착했는데, 구체적으로는 자바 북부 해안의 반텐이라는 오래전에 자리 잡은 교역 중심지에 도착했다. 이 사태는 VOC가 존재하기도 전에, 이른바 선행회사Voor-Compagnieën의 시기에 일어났다. 1596년에 네덜란드 원정대가 "거만하고 무절제한" 코르넬리스 데 하우트만의 지휘 아래 반텐에 도착했는데, 하우트만의 천박한 요구로 인해 네덜란드인들은 동인도에서 출발을 그르치게 되었으며, 그는 그 지역으로의 두 번째 여정에서 아니나 다를까 살해당했다.[5] 반텐에서 네덜란드인들은 아비시니아 사람들, 아랍인들, 벵골인들, 구자라트인들, 향신료 제도 원주민들, 터키인들, 그리고 여타 사람들도 붐비는 번창한 항구를 발견했다. 그 항구는 경제적으로 중국인들의 지배를 받고 있었다. 그들은 또한 그 도시에서 포르투갈인들을 발견하여서 마음이 심란해졌다. 그러나 VOC 창립 한 해 전인 1601년에

---

5. Ian Burnet, *East Indies*, p. 70.

네덜란드인들은 결정적인 초기 해상 공격으로 포트투갈인들을 몰아내게 된다.

1618년에 영국인들이 네덜란드의 구금에서 탈출한 몇몇 포르투갈인에게 피난처를 제공한 후에 네덜란드인들과 영국인들은 반텐의 거리에서 소규모 접전을 벌였다. 이 사태로 인해 코엔은 VOC를 위한 새로운 수도를 찾아낼 때라고 확신하게 되었다. 코엔은 여러 선택지를 고려한 후에 동쪽으로 자야카르타의 젊은 군주에게 주의를 돌렸는데, 그 군주는 반텐에 대한 자신의 종속적 지위를 끝내는 데 도움이 되기 위해 네덜란드인들과 동맹을 맺고 싶어 했기에 그들이 자신의 도시에 온 것을 환영했다. 이 사태는 반텐과 영국인들에게 위협으로 여겨졌는데, 그 두 세력은 개별적으로 네덜란드인들이 자야카르타에 거주하는 상황에 종지부를 찍으려고 시도했다. 앞에서 살펴본 대로, 이들 대립 관계는 1619년에 절정에 이르렀다. 이 해에 VOC에 대한 토머스 데일 경의 공격이 이루어졌고, 이에 도주하는 코엔의 함대를 영국 함대가 추격하여 파괴하지 않고 내버려 둔 사태가 발생했다. 또한 우리는, 코엔이 자야카르타로 귀환하여 애초에 VOC를 초대했던 바로 그 군주를 기만적이게도 무찌른 후에 그 도시 전체를 그곳에 건설된 VOC 요새의 이름을 따서 '바타비아' – 저지대 국가를 가리키는 고대 로마의 명칭 – 로 개명하였음을 살펴보았다. 앞에서 언급되었듯이, 코엔의 두 번째 임기 동안 맞닥뜨린 마타람 제국의 포위 공격을 이겨낸 후에 VOC 바타비아는 비교적 안전했다. 반세기가 지나고 나서야 VOC는 반텐 자체를 정복하는 작전을 다시 펼치는 것이 현명할 뿐만 아니라 가능한 일이기도 하다는 점을 알아챘다. 2년 동안 전쟁을 벌인 뒤 1684년에 그 작전은 마침내 성공했다. 그 결과, "그 도시에 있던 영국과 프랑스, 덴마크의 〔교역 장소〕는 폐쇄되었"고, 한때 중요했던 반텐은 보호국으로 격하되었으며, 바타비아가 자바의 권좌를 차지하게 되었다.[6]

(b) 향신료 제도

네덜란드인들은 상대적으로 나중에 도착했음에도 향신료 제도를 손에 넣었다. 포르투갈인들은 일찍이 이 제도의 전설에 매료되었는데, 그들은 1511년에 말라카를 정복한 뒤 바로 다음 해에 테르나테Ternate를 향해 항해했다. 그들은 역풍으로 인해 그 섬에 도착하지 못했지만, 그 대신에 반다라는 향신료 섬에 도착하여 이국적인 육두구 나무를 손에 넣은 것을 몹시 기뻐했으며, 얼마 지나지 않아서 전 지역에 접근할 수 있게 되었다. 포르투갈인들은 마침내 테르나

6. Ian Burnet, *East Indies*, p. 121.

테에 요새를 건설하여 50년 이상 동안 리스본으로의 수지 맞는 배송에 관여한 후에 자신들의 독점권이 밀수와 복잡한 지역 정치로 침식당하고 있음을 알아챘다. 1570년에 이런 상황을 계기로 포르투갈인들은 어리석게도 그 지역의 술탄 바불라Baabullah를 살해하였는데, 5년 후에 그 술탄의 동명 아들이 포르투갈인들을 쫓아내는 과정에서 반제국주의적 영웅이 되었다. 1580년에 프랜시스 드레이크 경이라는 거물이 테르나테에 도착했을 때, 영국인들도 네덜란드인들보다 먼저 그 지역에 도착했다. 드레이크는 스페인 제국에서 약탈한 은과 금을 싣고서 태평양을 횡단한 후에 이미 대량의 화물을 지니고 있었기에 향신료까지 실을 수는 없었다. 그런데도 드레이크는 아들 술탄 바불라에게 따뜻한 환대를 받았는데, 그 술탄은 근처 티도레Tidore에서 포르투갈인들을 몰아내기 위해 영국 함대와 함께 다시 오겠다는 드레이크의 맹세를 받아내었다. 다양한 이유로 인해 이런 일은 곧 일어나지 않았다.

네덜란드인들은 VOC가 구성되기에 앞서 1598년에 비브란트 반 바르비크 제독의 지휘 아래 향신료 제도에 용케 방문했다.[7] 테르나테에 도착한 그들은 당시에 작고한 아들 바불라의 아들이자 계승자인 호기심 많은 술탄 사이드Said에

7. 같은 책, pp. 70~1.

게 환대를 받았다. VOC의 대포에 깊은 인상을 받은 술탄 사이드는 그들이 티도레에 있는 포르투갈인들을 공격하는 데 합류하도록 요청했는데, 그 당시에 반 바르비크는 그 요청을 수용할 지위에 있지 않았다. 그런데 포르투갈인들을 영원히 축출하라는 명령을 받은 최초의 본격적인 VOC 함대가 암본이라는 향신료 섬에 도착한 1605년에는 더 많은 네덜란드인이 향신료 제도에 모습을 나타내었다. 짧은 공격을 받은 후에 포르투갈 지휘관은 자살했고 그의 병사들은 VOC에 항복했는데, 버넷은 이 사태를 "포르투갈령 인도의 쇠퇴 시점"으로 여긴다.[8]

그렇지만 자신들이 쇠퇴하는 포르투갈인들로만 채워진 군사적 진공 지역에 진입했다고 네덜란드인들이 생각했었다면, 그들은 틀렸다. VOC가 암본을 정복한 사태는 헨리 미들턴의 지휘를 받은 두 척의 영국 선박이 목격했는데, 그때 미들턴은 암본 자체에 상륙하기보다는 오히려 자신의 선박 중 한 척은 정향을 좇아서 테르나테로 끌고 가는 한편으로 나머지 다른 한 척은 육두구를 좇아서 반다로 항해시킬 것이라고 결정했다. 미들턴은 공교롭게도 극적인 방식으로 테르나테에 도착했는데, 그 당시에 티도레의 경쟁자들과 벌인 해상 전투에서 패배하고 있던 다름 아닌 술탄 사이드의 생

8. 같은 책, p. 98.

명을 적기에 구했다. 사이드는 사의의 표시로 정향 교역권 뿐만 아니라 테르나테에 영국의 시설 건립도 승인했다. 사이드는 자신의 아버지가 수년 전에 프랜시스 드레이크 경에게서 테르나테가 티도레에 있는 포르투갈 사람들을 공격하는 것을 돕겠다는 맹세를 받은 사실을 잊지 않고 있었고, 그리하여 동맹의 화염이 되살아났다. 하지만 네덜란드인들이 다섯 척의 선박과 함께 곧 도착했는데, 그들 역시 포르투갈인들을 공격하는 데 도와달라는 사이드의 요청을 충족시키기 위해 도착했다고 공표했다. 이제 사이드는 까다로운 외교적 상황에 놓이게 되었지만, 자신의 손은 더럽히지 않은 채 네덜란드인들과 영국인들, 티도레 주민들이 서로 싸우게 하는 영리한 방법을 찾아내었다. 그 결과는, VOC가 티도레의 포르투갈 요새를 계속해서 공격하는 한편으로 다른 집단들은 방관자로서 남아 있는 것이었다. 전투에서 패배하기 직전에 네덜란드인들은 포르투갈 요새를 산산조각으로 만든 (당시에 일반적인) 화약 폭발로 구조된다. 이제 암본과 티도레를 정복한 VOC는 1607년에 테르나테의 오래된 포르투갈 요새를 점령하여 수리했다. 이제 그 기업이 향신료 제도에서 우월한 권력이라는 것은 확실했다. 그런데 당시에 영국이 아이와 룬이라는 풍요로운 향신료 섬들을 지배하고 있었을 뿐만 아니라 반다에서의 상황도 여전히 불확실했다. 여기서 아이와 룬은 영국 최초의 해외 재산이었기에 제임스 1세는 자신을 "잉글랜드, 스코틀랜드, 아일랜드, 그리고 폴로 룬의 왕"으로 칭했다.[9] 하지만 얼마 지나지 않아서 네덜란드인들은 독점 작업을 완수하는 데 전념했다. 1615년에 네덜란드인들은 아이를 공격했는데, 처음에는 성공적이었지만 룬에서 출동한 영국인들의 야간 습격으로 장병들을 다 잃게 된다. 1616년에 네덜란드인들은 대거 공격을 재개하여 아이의 방어자들을 학살하고, 정복당한 영국의 진지를 '복수 요새'라는 소름끼치는 명칭으로 개명하였다. 소규모 영국군이 룬에서 용감하게 저항했지만, 1620년에 어쩔 수 없이 항복하게 되었다. 영국군이 철수한 여파로 룬의 원주민들에게는 준엄한 운명이 기다리고 있었는데, "네덜란드인들은 모든 성인 남성을 살해하거나 노예로 삼았고, 여성과 아이들은 추방했으며, 그다음에 그 섬의 모든 육두구 나무를 베어냄으로써 반다해에서 솟아난 황폐한 무인 바위섬을 남겼다."[10] 향신료 제도에서 VOC의 지배권은 1621년에 코엔이 반다섬 주민들을 학살한 사태와 1623년에 암본에서 반 스페울트가 영국인들을 몰살시킨 사태로 확정되었다.

향신료 제도에 대한 VOC의 완전한 독점권을 가로막는 또 하나의 오래된 장애물이 있었는데, 그것은 바로 술라웨

---

9. 같은 책, p. 104.
10. 같은 책, p. 105.

시의 남서 지역에 자리 잡고 있던 마카사르Macassar 술탄국의 독립이 계속 유지되고 있던 점이었다. 예전에 돼지고기 먹는 사람과 남색자의 고향으로 유명했던 마카사르는 1655년 무렵에 하사누딘Hasanuddin이라는 술탄의 통치 아래 이슬람의 믿음직한 전초지가 되었다. 1641년에 VOC의 말라카 정복을 피해 도망친 많은 포르투갈인은 말라카 가톨릭교의 유물과 성직자들도 환영한 마카사르에서 보호받게 되었다. 이외에도, 마카사르는 독점주의적인 VOC가 항상 파괴하려고 노력한 바로 그런 종류의 자유무역항이었는데, "아랍과 중국, 포르투갈, 스페인, 영국의 상인들이 그 항구에 자주 들른 이유는 마카사르의 술탄이 그들이 네덜란드인들의 통제를 벗어나서 자유롭게 교역할 수 있도록 했기 때문이었다."[11] 1656년에 VOC는 마카사르를 봉쇄했고, 1659년에 또다시 독점권을 요구했는데, 그 요구에 대해 술탄 하사누딘은 신은 그 땅을 네덜란드인뿐만 아니라 모든 민족이 향유하도록 제공했다고 확고히 응답했다. 그에 대응하여 VOC는 1660년에 그 도시를 공격했지만 1669년이 되어서야 그 도시를 정복하게 되었는데, "그것은 〔VOC가〕 그때까지 경험한 가장 격렬한 전투로 서술될 수 있었다."[12] 저항한 술

11. 같은 책, p. 130.
12. 같은 책, p. 134.

탄은 망명했고, VOC는 마침내 향신료 제도에 대한 완전한 독점권을 확립했다.

이런 궁극적인 독점 상태가 정립된 이후 70년 동안 이어진 VOC의 경제적 호황을 고려하면, 1623년 암본 사태라기보다는 오히려 1669년 마카사르 사태를 향신료 제도 공생의 계기로 여기고 싶을 것이다. 나는 몇 가지 이유로 인해 정반대로 여기고 싶다. 암본에서 일어난 영국인 학살 사태는, 하사누딘의 보호 아래 살아가는 다양한 포르투갈인 망명자들과 잡다한 영국과 스페인 상인들을 제외하면, 향신료 제도에서 다른 유럽 세력들이 제거되었음을 나타낸다. 암본을 공격한 지 30년 이상이 지났고 말라카를 점령한 지 15년이 지난 후인 1656년에 마카사르를 봉쇄할 때까지는 네덜란드인들이 그 술탄국을 정복하고자 하는 노력을 전혀 하지 않았다는 사실은 마카사르에 대한 VOC 공격이 중추적인 전환이라기보다는 오히려 지연된 거대한 소탕 작전이라는 느낌이 들게 한다. 일찍이 1657년에는 EIC조차도 향신료 제도가 VOC 통제권에 편입된 것으로 처리해 버린 듯 보인다. 그 해에 EIC 총독 윌리엄 코카인 경은 사실상 그 지역 전체의 영국 재산을 매각하자고 제안했다. 동양에서의 네덜란드 우위에 대한 코카인의 놀랍게도 비관적인 견해는 인도에 대한 집중 강화와 EIC의 상업적 재편을 고무한 올리버 크롬웰을 깜짝 놀라게 했다.[13] 이 두 가지 움직임은 장기적으로 영국에 결정적이었음이 판명될 것일지라도, 그 당시에는 오히려 사력을 다한 구조 노력처럼 보였다. 요약하면, VOC의 적들은 1669년에 마카사르를 정복하기 훨씬 전에 향신료 제도에 대한 네덜란드의 통제권을 대체로 인정했다. 그러므로 우리는 마카사르의 점령을, 그 사태로 얻은 경제적 이익이 아무리 방대하더라도, 새로운 전환점으로 해석하기보다는 오히려 1623년에 VOC가 향신료 제도의 통제권을 확보한 사건의 여파로 해석해야 한다.

(c) 말라카

1557년에 포르투갈인들은 중국으로부터 마카오에 정착할 수 있는 허가를 얻어내었는데, 그들은 먼 장래 1999년까지 그 장소를 차지하고 있을 것이었다. 포르투갈인들은 전략적인 말라카도 통제했기에 고아Goa를 거쳐 리스본으로 가는 도중에 자연스럽게 말라카해협을 경유하여 마카오 교역 물자를 수송할 것이었다. 이 상황은 네덜란드인들이 말라카를 완전히 장악하지 않고서도 파괴적인 영향을 미칠 수 있었음을 뜻했는데, 요컨대 그들은 단지 그 해협에 접근하는 포르투갈 선박들을 공격하거나 나포하기만 하면 되었

---

13. Ian Burnet, *East Indies*, p. 140.

다. 1603년에 VOC는 조호르 근처에서 포르투갈 선박 산타 카타리나호를 나포했는데, "노획된 화물은 암스테르담에서 경매에 부쳐 3백5십만 길더를 받고 처분되었고, 그 이익은 단 하루 만에 신생 〔VOC〕에 납입된 자본의 2배에 이르렀다고 한다."[14] 유사한 방식으로 아조레스 제도 부근에서 포르투갈 선박들을 나포한 후에 영국인들이 취한 태도와 거의 마찬가지로, 네덜란드인들도 그 이익의 규모에 도취하였고, 게다가 네덜란드가 여전히 포르투갈과 교전 상태에 있음을 기억함으로써 해적질에 대한 수치심을 누그러뜨리기가 쉬웠다. 1605년에 네덜란드인들은 또 하나의 포르투갈 선박을 나포하여 큰 이익을 얻었는데, 이번에는 태국 근처에서 산토 안토니오호를 나포했다.

이런 환경에서 말라카의 포르투갈인들은 조호르의 술탄과 거래를 하려고 시도했는데, 그에게 조호르에서 VOC 거래상들을 축출하는 대가로 군사적 보호를 제공하겠다고 제안했다. 하지만 그러기에는 너무 늦었다. "그 술탄은 '이슬람의 적'이 제시한 그런 거래에 응하기보다는 차라리 자신의 왕국 전체를 포기할 것이라고 응답했다."[15] 사실상 포르투갈인들은, 1511년에 아폰수 드 알부케르크가 말라카에

14. 같은 책, p. 86.
15. 같은 책, pp. 87~8.

서 이슬람을 무찌른 사태와 그 종교에 대한 다른 도발적 행위에 대한 대가를 치르고 있었다. 조호르의 술탄은 포르투갈인들을 돕기는커녕 정반대로 네덜란드인들과 조약을 체결하여 일단 말라카를 정복하면 전리품을 나누기로 합의했다. 1606년에 시도된 첫 번째 공격은 실패했는데, 아무튼 VOC 함대는 고아에서 출동한 포르투갈 함대를 따돌려서 파괴를 가까스로 모면했다. 1608년에 피에트루스 베르호펜의 지휘 아래 시도된 두 번째 공격 역시 네덜란드인들이 불운하게도 라마단 기간에 도착하면서 수포로 돌아갔는데, 조호르의 무슬림 군대는 단식을 하면서 전투를 벌이기를 꺼렸고, 불운한 베르호펜은 아무것도 모른 채 반다에서 기다리고 있는 자신의 운명을 향해 항해했다. 네덜란드인들이 포르투갈의 상선을 괴롭히는 행각은 수십 년 동안 이어졌는데, 이를테면 말라카해협 자체는 물론이고 고아와 스리랑카도 빈번하게 봉쇄했다. 세 번째로, 1640년에 네덜란드인들은 VOC 총독 안토니오 반 디에멘의 명령을 받고서 말라카를 맹렬히 공격했다. 18척의 선박으로 이루어진 그들의 함대는 포르투갈 요새와 포격을 주고받았는데, 요컨대 결정적인 결과를 야기하지는 못했다. 하지만 다섯 달 동안 이어진 포위 공격으로 포르투갈군의 인원이 명백히 감소한 후에 네덜란드 지휘관은 마침내 1641년에 요새에 대해 육상 공격을 감행하라고 명령했고, 포르투갈인들은 용감하게 저항한 후에 항복했다. 이제 VOC는 그 지역의 핵심적인 두 해협을 모두 통제했다.

(d) 일반적인 성찰

뻗어 나가는 VOC 제국으로 이어진 다수의 정복과 교역 임무의 단순화된 판본이 앞에서 제시되었다. 하지만 우리는 VOC-행위자의 모든 행위에 관심이 있는 것이 아니고, 오히려 그 행위자의 실재를 전환할 수 있었던 공생자들에게만 관심이 있을 뿐이다. 이를 위해, 언급된 세 가지 장소의 등위가 다음과 같이 매겨질 수 있는데, 중요도가 낮아지는 순서로 나열하면, 향신료 제도, 순다해협, 말라카해협이다.

향신료 제도에 대한 지배권은 부유하지만 포위된 네덜란드인들에게 필수적이었는데, 그 이유는 독점권을 확보하지 못하면 불필요한 경쟁을 거침으로써 향신료의 현지 비용이 증가하는 한편으로 유럽에서의 가격이 급등하게 되었을 것이었기 때문이다. 또한, 그 제도를 통제함으로써 VOC는 아시아 내부의 교역을 지배한다는 코엔의 목표도 달성할 수 있게 되었다. 하지만 코엔의 최대주의적인 1614년 VOC와 1621~3년 향신료 제도 VOC 사이의 차이는 무엇인가? 1623년의 상황은 코엔의 1614년 논고의 자연적 결과로 읽힐 수 있기에 어쩌면 다양한 향신료 제도에서의 승리는 단순한 '우발 사건', 즉 ANT와 새로운 유물론과는 대조적으로 비유물론적 이론은 경시하고 싶은 그런 종류의 행위로 일축될 수 있을 것이다. 그렇지만 1623년을 동등하게 다채로운 많은 시기와 다르게 만드는 것은 대망을 품은 정복자와 실제 정복자 사이의 차이다. 1623년의 최대주의적인 VOC는 자신의 다른 내부 구성을 통해서 1614년의 그것과 다른데, 요컨대 군사적으로는 공격적 절차에서 수비적 절차와 소탕 작전으로 이행했고, 상업적으로는 아시아-유럽 해운 항로를 강조하기보다는 오히려 아시아-아시아 해운 항로를 강조하는 쪽으로 이행하는 와중에 있었다. 이런 점에서, 1623년은 단지 1614년에서 비롯된 계획의 외삽에 불과한 것이 아니라 그 기업 전체의 변화다.

그 지역에서 핵심적인 두 해협의 경우에, 그것들은 VOC의 생에서 정반대의 궤적을 좇았다. 애초에 말라카는 포르투갈인들이 장악하고 있었기에 VOC는 기업 운영을 반텐에 기반을 둘 수밖에 없었고, 게다가 자바에 주요 교역 중심지를 둘 수밖에 없었다. 반텐에서 지배적인 교역에 대한 다원주의적 접근법을 참작하면, 당연히 VOC는 그 항구에 대한 독점권을 갖고 있지 않았다. VOC는 80km 떨어진 바타비아로 이동함으로써 기업 운영을 위한 여유 공간을 확보하게 되었고, 한참 뒤에 이루어진 VOC의 반텐 정복은 그 기업의 본질을 변화시키는 공생이라기보다는 오히려 결말이 실망스러운 팽창이었다. 말라카해협의 경우에는 정반대의 이야기가 전개되었는데, 애초에 VOC는 자신의 발판을 확립하기보다는 오히려 포르투갈인들에게 손해를 입히기 위해 그 해협을 이용했다. 동인도에 대한 VOC의 지배권은 이 두 번째 핵심적인 해협을 차지하지 않고서도 확보될 수 있었다. 그런데 1641년에 이루어진 말라카의 점령은, 옛 아랍과 중국의 교역로를 연계한 결과의 중요성을 참작하면, 여전히 공생적 사건으로 여겨질 수 있다. 요약하면, 뒤늦은 반텐의 정복은 반텐의 쇠퇴를 가리키는 징조였지만, 뒤늦은 말라카의 정복은 말라카의 지속적인 중요성을 가리키는 징조였다. 여기서 또 하나의 흥미로운 반사실적 물음이 제시되는데, VOC가 1606년이나 1608년에 시도한 공격에서 포르투갈인들에게서 말라카를 빼앗는 데 실패했기보다는 오히려 성공했었더라면 어떻게 되었을까? 가장 개연성이 있는 것은 바타비아가 절대 세워지지 않았을 것이라는 점이다. VOC는 일찍이 말라카해협에 근거지를 마련할 수 있었을 것이고, 그리하여 마카오를 장악할 더 나은 기회가 주어졌음이 틀림없었을 것이고, 중국 무역과 공생을 이루었을 것이며, 영국인들보다 먼저 인도를 점령할 기회도 증가했었을 것이다. 이런 국면은 절대 일어나지 않았던 방식으로 그 기업의 특질을 변화시켰을 것이지만, 그런 기업도 여전히 VOC로 인식되었을 것이다. 우리는 그런 불발 사건에 관해 추측만 할 수 있을 뿐이지만, 그저 비사실적인 것을 제기하는 행위만으로도 우리가 가능한 것으로서 바타비아-없는-VOC를 환기하는 데 도움이 되는데, 이를테면 자신의 프로그램을 시행할 어떤 다른 방법을 찾아내었을 위생학자-없는-파스퇴르의 노선을 따라서 말이다.[16] 이런 상황은 ANT에 의해 설명될 수 없는데, 그 이유는 ANT가 관계와 효과를 지나치게 강조함으로써 VOC를 그것에 실제로 일어난 일과 지나치게 동일시하게 될 것이기 때문이다.

16. Bruno Latour, *The Pasteurization of France*를 보라.

2부 네덜란드 동인도회사

이제 우리는 세 번째 유형의 공생자 후보 명사, 즉 사물을 다루자. 어쩌면 역사에서 가장 명료한 그런 사례들은 결정적인 신기술을 채택하는 데서 나타나는데, 이를테면 그 기술이 인도유럽인의 전차든,[1] 갈릴레오가 사용한 망원경이든, 앨런 튜링의 암호 해독 기계든, 미합중국의 원자폭탄이든 간에 말이다. 하지만 공생은 기술과 더불어 발생할 필요는 없는데, 그 이유는 공생이 생선, 질병, 미신, 기후변화, 또는 여타 대부분 사물과 더불어 마찬가지로 쉽게 일어날 수 있기 때문이다. VOC에 중추적인 것으로서 떠오르게 되는 첫 번째 사물은 그 기업을 움직이는 혈액의 역할을 수행한 동양의 소중한 향신료다. 하지만 여기서, 이 향신료는 VOC의 계속된 공생이라기보다는 오히려 탄생에 속하고, 그래서 멀리 떨어진 땅에서 오더라도 '모선' 범주에 속한다. 향신료는 VOC를 탄생시켰지만, 단지 오늘날 석유가 사우디아라비아를 전환한 만큼 VOC를 전환했을 뿐이다. 오히려, 이 향신료는 강한 유대의 주체로서 기껏해야 그 유대가 약해지거나 사라지면 관련 당사자들이 죽음에 이를 수 있게 된다. 이를테면 1700년대 유럽에서 향신료의 인기가 시들게 되고 그 독점권이 약화되었을 때 그러했고, 또한 사우디 석유가

1. Robert Drews, *The Coming of the Greeks : Indo-European Conquests in the Aegean and the Near East*, Princeton, Princeton University Press, 1994.

고갈하거나 불필요해지는 미정의 미래에도 그럴 것이다.

VOC가 직면한 초기 문제 중 하나는, 동인도의 주민들이 네덜란드인들이 유럽에서 유출하고 싶지 않았던 귀금속을 제외하고는 그들이 제공해야 했던 북부의 재화에 대체로 관심이 없었다는 점이었다. 양모와 납 같은 네덜란드의 표준적인 물품은 아시아인들이 보기에는 쓸모가 없었다. 이런 상황이 아시아 내부의 교역에 더 깊이 관여하고 싶은 VOC의 열망을 부추긴 또 하나의 요소였다. 인도산 직물은 향신료 제도 주민들과 그밖의 많은 사람이 매우 가치있게 여겼고, 그래서 VOC는 당시에 몽골의 지배를 받던 벵골Bengal뿐만 아니라 (현재 인도의 동부 지역에 있는) 코로만델 해안Coromandel Coast에도 이 재화를 위한 교역의 기반을 확립했다. 이 직물은 흔히 향신료 제도 원주민들의 정향과 교환되었다. 또한, VOC 자체는 독자적인 용도를 위해 아시아의 생산품을 자주 구매했는데, "향신료 제도에서 VOC는 물과 화약을 나무통 대신에 벵골만의 항구들에서 수입한 마르타반Martaban 항아리(저장용 돌항아리)에 저장했다."[2] VOC의 피에테르 반 덴 브뢰케가 "〔예멘 사람들이〕 자신이 마시는 물을 검게 만드는… 일종의 검은콩, 카하우와

2. Parthesius, *Dutch Ships in Tropical Waters: The Development of the Dutch East India Company (VOC) Shipping Network in Asia: 1595-1660*, p. 53.

Kahauwa"3로 색다르게 서술한, 오늘날 커피로 알려진 원래 에티오피아산 재화의 잠재력은 늦게 파악했지만, VOC는 쌀과 아편, 말, 비단의 아시아 내부 교역을 시행했다. 커피는, 동류의 각성제 초콜릿과 담배와 마찬가지로, 나중에 중요성이 부각될 것이었고, 게다가 마침내 이루어진 EIC와 차의 공생이 차가 발흥하고 향신료가 쇠퇴한 1700년대에 VOC를 실추시킨 이유 중 하나가 된다.

그런데 아시아 내부의 교역을 지배하는 데 필요한 재화 유형들이 VOC의 목표와 지리를 변화시켰지만, 훨씬 더 큰 변화는 현지 지배의 임무에 더 적합한 새로운 유형의 선단과 이룬 공생을 통해서 일어났다. 신생 VOC는, 네덜란드로 귀환하면 해산되는 일회성 선단의 관행을 즉시 폐기했더라도 초기에는 여전히 유럽과 아시아의 왕복 항해 모형에 근거하여 운영되었다. 이 모형은 여정의 혹독함을 견뎌낼 수 있는 많은 대형 선박이 필요했지만, 그런 대형 선박은 아시아의 협소한 항구와 강에 진입하기 위한 최선의 선박이 아니었다. 귀환 항해가 계절풍의 지역적 패턴에 의존했음을 참작하면, 환경에 따라 바꿔 운영할 수 있는 다중 작업형 선단을 갖추는 것이 역시 좋았을 것이었다. 이런 상황이 전개될 수 있으려면, 곧 그랬듯이, 동일한 선박이 한 달은 즉

---

3. 같은 책, pp. 46~7에서 인용됨.

석의 교역 기회를 위해 사용되고, 그다음 한 달은 군사 작전용 전함으로 사용될 수 있어야 했을 것이다. "예를 들면, 〔어느 계절에 한정된〕 고아 봉쇄에서 풀려난 선박은 바타비아로 귀환하는 도중에 말라바 해안에서 후추를, 스리랑카에서 시나몬을 실을 수 있었다."[4] 네덜란드인들은 VOC가 창립되기 전에도 유명한 선박 제작자들이었고, 그래서 예상할 수 있는 모든 자원을 동원하여 새로운 상황에 적응했다. 더욱이, 자신의 용도에 적절한 포르투갈 선박이나 중국 선박을 나포하는 것과 더불어, VOC는 가능할 때마다 아시아 현지에서 선박을 제작하려고 시도했는데, 그것도 소형 선박을 제작하고자 했다. 이 모든 것에 힘입어 VOC는 여타 유럽 강국에 대한 두드러진 우위를 확보했다. "〔아시아의 다양한〕 지역 사이에 형성된 〔VOC〕 교역과 운송 네트워크가 점점 더 복잡해지면서, 마카오에 선박을 자주 정박시키고 계절이 바뀌기를 기다린 포르투갈인들과는 대조적으로, 선박을 최대한 활용하여 계속 항해시킨 VOC의 유연성이 부각된다."[5] 잘 무장된 VOC의 확실한 안전에 대한 명성에 힘입어 VOC는 아시아 내부에서 유통되는 화폐의 수송회사로도 선택받을 수 있었다. "그러므로 VOC는 이들 통화를 대량으로

4. 같은 책, p. 171.
5. 같은 책, p. 57.

수송함으로써 금 가치와 은 가치 사이의 환차익과 다른 종류들의 화폐 사이의 환차익을 이득이 되게 활용할 수 있었다."[6] 매우 재미있게도, 부패한 영국 관리들도 부당하게 획득한 자신의 부를 유럽으로 수송하기 위해 VOC를 이용하기로 선택했다.

일견, 이런 전환은 어느 특정한 해와 연계하기 어려운 것처럼 보일 것이다. 하지만 파르테시우스Parthesius는 다소 정확하게 그 일을 해 내면서 다음과 같이 지적한다. 1619년에 바타비아가 건립된 후에도, "VOC가 자신은 재화의 유럽에의 수송에 집중하는 한편으로 그 물품을 바타비아로 운반할 전통적인 유럽의 개인 거래상들에게 아시아 내부 교역의 대부분을 맡기고 싶어 했던 몇 년의 흥미로운 시기가 있었다."[7] 이로 인해 유럽 무역과 직접 연계되지 않은 많은 시설이 폐쇄되었지만, 그 정책은 성공적이지 않은 것임이 판명되었고, 그리하여 "1625년 무렵에 VOC는 강력한 아시아 내부 교역을 뒷받침하기 위한 교역 장소와 요새들의 네트워크를 갖춘 원래의 배치로 되돌아가야 했다."[8]

이 모든 것으로부터 우리는 객체에 관한 관계적 이론들이 흔히 잘못되는 또 하나의 방식을 알게 되는데, 이들 이

---

6. 같은 책, p. 57.
7. 같은 책, p. 31.
8. 같은 책, p. 32.

론은 객체들이 구성하는 연계와 동맹을 지나치게 강조하는 한편으로 공생이 어떤 객체를 연계로부터 보호하여 그것의 자율성을 더욱 공고히 하는 방식을 고려하는 것을 등한시한다. 예를 들면, 연속 세포 내 공생설은 단순한 진핵세포가 그 세포에 내재하는 영양분을 실컷 섭취함으로써 살아남은 박테리아를 집어삼켰다고 추정한다.[9] 나중에 그 세포가 분할되었을 때, 그 박테리아 역시 분할됨으로써 최초 세포의 모든 후예의 한 요소로서의 자신의 지위를 유지해 낸다. 1960년대에 마굴리스는, 세포핵 속의 DNA가 다양한 세포 소기관의 유전 정보를 지정하지 않는다는 증거가 발견됨으로써 이들 소기관의 독립적인 기원을 입증하리라 예측했는데, 1980년대에 그런 증거가 실제로 발견되었다. 이 사실로부터 우리는, 진핵세포가 다수의 개별 존재자에서 형성되었다는 점과 더불어 그 새롭고 더 복잡한 세포가 시간이 흐름에 따라 자신의 소기관들에 의존하게 된다는 점을 알게 된다. 하지만 이런 명백한 연계와 더불어 그 새로운 세포 역시 무언가 다른 것, 이를테면 새롭게 출현한, 위험한 산화성 대기에 구애받지 않게 된다. "삼켜진 박테리아는 원래 숙주 세포의 생존에 필요한 산화성 신진대사를 궁극적으로 수행했

---

9. Endosymbiosis, "Endosymbiosis : Serial Endosymbiosis Theory (SET)," 2008. 블로그 글로서 http://endosymbionts.blogspot.com.tr/2006/12/serial-endosymbiosis-theory-set.html에서 입수할 수 있음.

는데, 그렇지 않았더라면 그 세포는 대기 중 산소에 중독되었을 것이다."[10]

VOC의 경우에도 마찬가지 상황이었다. 아시아 현지의 교역 품목을 이용하고 아시아 내부에서의 운영에 더 적절한 선단을 구성함으로써 VOC는 이질적인 아시아 항구들과 더 강한 연계를 창출하면서 암스테르담과의 유대는 더욱더 약화했다. 이 과정은 네덜란드의 상업적 이익과 군사적 이익에 이바지했을 뿐만 아니라, VOC에 많은 도자기를 판매하고 귀금속의 안전한 수송을 위해 VOC 선단을 고용하는 등의 새로운 가능성을 아시아 상인들 자신에게도 개방했다. VOC가 주로 고국에서 가져온 재화만 거래했더라면, 대형 귀국선retourschepen의 왕복 항해가 VOC의 사업모형을 지배했더라면, 아시아 내부에서 VOC의 실재는 질식되었을 것이다. 하지만, 반텐을 정복한 후에 벌어진 자바인들에 대한 전쟁에 VOC 총독이 점점 더 많이 개입한 정책, 즉 VOC 본사의 기업 이사회가 지나치게 군국주의적이고 낭비적이라고 한탄한 정책에서 알 수 있듯이, 이런 아시아 내부의 집중이 항상 건전한 것은 아니었다.[11]

---

10. 같은 글.
11. Ian Burnet, *East Indies*, p. 137.

2부 네덜란드 동인도회사

지금까지 우리는 더 광범위한 이론적 주장 몇 가지를 과감히 표명할 수 있을 만큼 충분히 VOC 역사를 개관했다. 그 방향으로 움직이기 전에, OOO의 관심사에 가장 근접하는 경쟁 이론에서 빠져 있는 것처럼 보이는 것을 다시 한번 설명하는 것이 유용할 것이다. OOO는 때때로 새로운 유물론과 함께 묶이지만, 우리가 전통적인 과학적 유물론을 언급하든, 자칭 유물론적이라고 하는 더 최근 유형들의 사회구성주의를 언급하든 간에, 나는 OOO가 단호히 반反유물론적이라는 사실을 알리고자 노력했다. 훨씬 더 중요한 점은, 사회구성주의 유형의 유물론은 제인 베넷이 꽤 솔직하게 "약동하는 전체의 불확정적인 탄력"[1]으로 서술한, 더 원시적인 활발한 연속체를 옹호하면서 개별 객체들의 존재를 부정하는 경향이 있다는 것이다. 내가 보기에, ANT의 위대한 점은, ANT가 약동하는 전체 또는 정적인 전체와는 대조적으로 개별 존재자들로 귀환한다는 것과 더불어 모든 존재자 – 인간과 비인간, 자연적인 것과 문화적인 것, 실재적인 것과 상상적인 것 – 에 그 이론에 참여할 수 있는 동등한 권리를 기꺼이 허용한다는 것에 대체로 놓여 있다. 이렇게 하여 ANT는 한때 현상학이 견지하고 있던 존재론적으로 민주적인 관점을 취하게 되지만, 현상학파와 달리 관찰하는

---

1. Jane Bennett, "Systems and Things," *New Literary History*, p. 226.

인간 주체를 과도하게 우선시하지 않는다. 그런 강력하고 유연한 이론이 사회과학을 단번에 사로잡았어도 이상한 일이 아니다!

나는 ANT를 대단히 찬양함에도 불구하고 그 이론과 관련하여 몇 가지 문제가 있다고 믿는데, 그중 가장 중요한 문제들은 라투르가 자신의 "존재양식" 프로젝트를 ANT의 약점에 대한 해결책으로 공표했을 때 그 자신이 인정한 것들이 아닐지도 모른다.[2] 최근 철학자들 사이에서 가장 과도하게 인용되는 시 구절 중 하나는 프리드리히 횔덜린의 "위험이 있는 곳에 구원의 힘도 함께 자라네"라는 구절임이 확실한데, 이제 이 구절은 정통 하이데거주의자들의 지루한 주문이 되었다. 이 구절과 더불어 우리는 그 구절을 뒤집은 것, 즉 "구원의 힘이 있는 곳에 위험도 함께 자라네"라는 구절의 진실성도 역설해야 한다. ANT의 경우도, 대단히 많은 이론의 경우와 마찬가지로, 가장 위대한 통찰의 계기는 과잉의 논점이기도 하다. 나는 ANT의 최대 장점인 동시에 최대 약점에 속하는 것으로서 다음과 같은 다섯 가지 관념을 제시한다.

1. ANT 장점 : "모든 것은 행위자다."

---

2. Bruno Latour, *An Inquiry into Modes of Existence*.

ANT의 평평한 존재론 덕분에 모든 유한한 존재자가 (a) 사람들과 (b) 여타의 것으로 타당하지 않게 분할되는 근대의 이원론적 존재론을 피할 수 있게 된다. 가장 인기 있는 사상가 중 많은 사람 – 자크 라캉, 알랭 바디우, 슬라보예 지젝, 그리고 퀑탱 메이야수가 즉시 떠오른다 – 이 여느 때보다도 더 인간 주체에 마음을 빼앗긴 시대에 이것은 작은 성취가 아니다. 인간이 흥미로울 뿐만 아니라 그 종류가 여타의 것과 전적으로 달라서 전적으로 다른 독자적인 존재론적 범주를 마땅히 부여받을 만하다고 미리 가정하기보다는 오히려 모든 존재자를 동일한 층위에 자리 잡게 한다는 점에서 ANT는 이들 저자보다 더 바람직하다. 모든 사물을 동등하게 여김으로써 시작하는 것이 더 좋은데, 그리하여 사물들 사이의 어떤 구분도 17세기로부터 이른바 자명한 진실로서 밀수되기보다는 오히려 지적으로 획득되어야 한다. ANT는 이 작업을 현상학자보다 훨씬 더 잘한다.

1. ANT 약점 : "행위가 모든 존재자가 공유하는 특성이어야 하는 이유는 무엇인가?"

우리는, 누군가가 현재 집을 짓고 있을 때만 주택건축자라고 말하는 것은 거의 무의미하다는 아리스토텔레스의 논점을 이미 고찰했다. 어떤 사람이 집을 지을 수 있는 유일한 이유는 그가 주택건축자이기 때문이지, 그 반대가 아니다.

더 일반적으로, 사물은 다수의 행위를 수행할 수 있는데, 바로 이런 이유로 인해 어떤 특정한 행위를 수행할 필요가 없거나, 또는 도대체 아무 행위도 수행할 필요가 없다. 이것이 모든 종류의 관계론적 존재론에 반대하는 고전적인 OOO 논점이다. 실제 방법의 견지에서 살펴보면, 행위자의 행위를 지나치게 강조하면 행위자에 관한 반사실적 물음을 제기할 수 있는 우리의 능력이 박탈당한다. 저자, 정치가, 또는 야생 동물을 그들이 미치는 영향의 정도로 평가하면, 우리는 놓친 기회와 불운, 어리석음을 우리의 세계 모형에서 삭제하게 된다. 객체지향 사회 이론의 실무자들이 승자와 패자가 항상 마땅히 그러해야 하는 것은 아니라는 점을 '알고' 있든 그렇지 않든 간에, 객체를 '그것이 행하는 것'으로 바꾸어 말함으로써 그 객체를 위로 환원하는 어떤 이론도 역사는 마땅하지 않은 승리와 마땅하지 않은 실패가 전혀 없는 승자들의 연회라고 이미 인정한 셈이 된다. 만약에 상황이 이렇다면, 라투르가 타르드를 뒤르켐보다 높이 평가하거나, 또는 화이트헤드가 존 로크를 당대의 플라톤으로 부를 이유가 없을 것인데, 한편으로 이들 견해는 보편적으로 공유되지는 않는 것이다. 성공적인 행위가 객체의 실재의 괜찮은 대략적인 증상일지라도, 그것은 단지 개략적인 것에 불과하고 증상에 불과하다. 이것이 객체의 행위와 관계에 더 집중하기보다는 오히려 객체 자체를 향해 주의를 돌려야 하는 한 가지 이유다.

2. ANT 장점 : "모든 관계는 호혜적이다."

아이작 뉴턴 경의 유명한 세 번째 운동 법칙은, 모든 작용에 대해 크기가 같고 방향이 정반대인 반작용이 존재한다고 말한다. ANT는 비주류 존재자들을 '유력한' 존재자들의 억압을 받는 수동적인 하위집단에 불과하기보다는 오히려 독자적으로 정당한 행위자들로 여김으로써 비슷한 원리를 도입한다. 혁명 정치에 대한 라투르의 명백한 관심 부족에 실망하여 그를 비판한 좌익 인사들은 혁명에 대한 그 무관심의 실제 근거를 아직 파악하지 못했다. 그 이유는 라투르가 사회에서 현존하는 권력관계들을 존중하기 때문이 아니고, 오히려 그것들을 존중하지 않기 때문이다. 라투르의 경우에, 모든 네트워크가 지니고 있는 취약성과 가역성을 면제받을 정도로 거대한 권력은 전혀 존재하지 않는다. 라투르가 『비환원』이라는 제목이 붙은 뛰어난 부록에서 서술한 대로, "우리는 강한 것의 강함을 항상 오해한다. 사람들은 그 강함을 한 행위소의 순수성에 귀속시키지만, 그것은 어김없이 중층적인 일단의 약점에서 기인한다."[3]

---

3. Bruno Latour, *The Pasteurization of France*, p. 201.

2. ANT 약점 : "많은 관계는 절대 호혜적이지 않다."

뉴턴의 정신으로 작업하는 행위 기반 철학은 관계가 양방향으로 동등하게 생겨난다고 여기는 경향이 있다. 이런 경향으로 인해 의존성이 주로 한 방향으로 생겨나는 그런 관계는 이해하기 어렵게 된다. 이 논점은 중요한데, 그 이유는 관계에 관한 비호혜적 개념이 좌파가 착취관계에 대해 흔히 정당하게 불만을 표하는 행위를 설명하는 데 필요하기 때문만이 아니다.[4] 그 개념은, 고고학자 이안 호더Ian Hodder가 "얽힘"entanglement이라는 용어 아래 이론화한 강한 유대로 인해 VOC 같은 "유력한" 존재자가 유연성과 이동성을 잃게 되는 경로의존적 관계를 서술하는 데에도 필요하다.[5] 호더의 정신으로 간단한 일례를 인용하면, 인류세 문명은 일회용 플라스틱 물건들과 그것들의 궁극적인 태평양 쓰레기장을 쉽게 제거할 수 없는데, 그 이유는 그런 물건들에 너무나 많은 일자리가 달려 있기 때문이다.

3. ANT 장점 : "모든 관계는 대칭적이다."

이 논점은 앞의 논점 2와 같은 것처럼 들릴지도 모르지

---

4. Levi R. Bryant, *Onto-Cartography*, pp. 197~211.
5. Ian Hodder, *Entangled : An Archaeology of the Relationship Between Humans and Things*, Oxford, Wiley, 2012 ; "The Entanglements of Humans and Things : A Long-Term View," *New Literary History* 45, 2014, pp. 19~36.

만, 이것은 사실상 논점 2의 부분집합이고, 게다가 OOO 관점에서만 식별될 수 있는 것이다. 두 행위자가 모두 서로 관계를 맺는다는 의미에서 어떤 주어진 관계가 호혜적이라고 가정하자. 두 존재자가 모두 같은 방식으로, 즉 각자의 성질들의 상호작용을 통해서 서로 관계를 맺는다면, 우리는 이 관계를 호혜적이면서 대칭적이라고 부를 것이다.

3. ANT 약점 : "모든 관계가 대칭적이지는 않다."

OOO는 관계의 자동적인 대칭성을 거부하는데, 그 이유는 OOO가 객체와 그 성질들 사이의 분열에 주의를 기울이기 때문이다. 후설의 현상학은 객체가 "성질들의 다발"에 불과하다는 낡은 경험론적 관념을 거부함으로써 이 원리의 중요한 쓰임새를 제기한다. 우리는 어떤 객체를 먼저 경험하고, 그다음에 그것의 정확한 성질들이 매 순간 계속해서 바뀔지라도 그것을 계속해서 같은 객체로 여긴다고 주장함으로써 후설은 경험론적 철학의 케케묵은 표현을 뒤집었다. 대칭적 관계는 한 객체의 성질들이 다른 한 객체의 성질들과 상호작용하는 관계인 반면에, 비대칭적 관계에서는 바로 한 객체가 다른 한 객체의 성질들과 상호작용한다. 좋은 일례는 직서적 표현과 비유적 표현 사이의 차이에서 찾아볼 수 있다. 거듭 제기되는 가장 유명한 호메로스의 심상, 즉 "포도주 빛깔의 짙은 바다"를 고찰하자. 모든 비유와 마찬가지로 이 표현은 강한 유대가 아닌데, 그 이유는 바다와 포도주가 어둑어둑한 액체로서 공유하는 평범한 상태를 제외하면 바다와 관련된 그 어떤 것도 포도주를 직접 암시하지 않기 때문이다. 호메로스가 '푸르스름한 보랏빛 바다'라고 표현했거나, 또는 더 나쁘게도, '바다, 마치 포도주처럼 짙은 액체'라고 표현했다면, 이들 표현은 어쩌면 정확하거나 강한 직서적 묘사였을 것이지만, 약한 비유적 묘사는 절대 아니었을 것이다. 하지만 바다를 '포도주 빛깔의 짙은'이라는 어구로 표현하는 것은 포도주의 색깔과 액체성을 바다에 귀속할 뿐만 아니라 덜 직접적으로 관련된 포도주의 다른 특징들(중독, 망각)도 바다-객체 주변의 모호한 궤도에 담는다. 바다와 포도주가 공유하는 짙은 액체성은 바다의 덜 개연적인 포도주-특성들이 효과를 발휘할 수 있게 하기 위한 구실에 불과하다. 이런 약한 연결관계는 '논술적으로' 또는 '개념적으로' 파악할 수 없다는 점이 바로, 더 정확한 '푸르스름한 보랏빛 바다'가 할 수 없는 방식으로, 비유를 강력하게 만드는 것이다. 비유가 비호혜적이라는 증거는 우리가 '바다 빛깔의 짙은 포도주'라는 표현보다 '포도주 빛깔의 짙은 바다'라는 표현을 듣고 있다는 사실에서 찾아볼 수 있는데, 그 두 표현은 전적으로 다른 이미지를 떠올리게 할 것이다. '바다 빛깔의 짙은 포도주'라는 대체 사례에서는 포도주가 일반적으로 바다와 관련된 특성들(항해 가능성, 불가

사의, 모험, 난파, 괴물들과 가라앉은 보물이 그득함)을 모호하게 획득하는 객체일 것이다. 반면에, 직서적 표현은 정말 호혜적인데, 두 객체 사이에 비유적이지 않은 비교를 하는 것은 그 둘이 공유하는 유사한 특성들을 포착하는 것이다. '까마귀는 까치와 같다'라는 표현은 정보적 가치는 있지만 심미적 가치는 전혀 없는데, 그 이유는 그 비교가 너무나 그럴싸하기 때문이다. '암스테르담은 베네치아와 같다'라는 표현은 직설적 정보 – 십중팔구 운하나 해양 역사와 관련된 정보 – 가 전달되고 있음을 우리가 여전히 이해하기에 충분할 만큼 충실하더라도 약간 덜 정확하다. 하지만 '모자는 돌고래와 같다'라고 표현하는 것은 어떤 비유적 효과가 생겨나기에는 너무나 멀리 떨어져 있다. 필요한 것은 두 사물 사이에 덜 명백한 공명이 작동하기에 충분할 만큼 사소한 유사성이 있는 '안성맞춤의 상황'이다.

4. ANT 장점 : "모든 관계는 동등하게 중요하다."

ANT의 중대한 이론적 이점 중 하나는 모든 행위가 행위라는 점에서 동등하다고 여기는 능력이다. 1800년에 나폴레옹이 스스로 황제에 오르는 것도 하나의 행위이고, 어떤 비참한 아파트 다락방에서 종이 접시 위에 촛농이 떨어지는 것도 하나의 행위다. 나폴레옹이 스스로 황제에 오르는 것과 어떤 대수롭지 않은 날에 나폴레옹이 한두 번 기침하는 것에도 둘 다 마찬가지로 같은 동등성이 적용된다. 이런 동등성은 모든 철학이 전통적인 전제를 떨쳐버리는 데 필요로 하는 바로 그런 종류의 최초 평탄화 작업을 수행한다.

4. ANT 약점 : "모든 관계가 동등하게 중요하지는 않다."

공생에 관한 논의에서 모든 행위가 동등하지는 않다는 논변이 이미 전개되었다. 어떤 객체의 생에서는 사소한 국면이 있고, 게다가 그 객체의 바로 그 실재를 전환하는 공생의 국면이 있다. 이 점에 대한 ANT의 무감각으로 인해 그 이론은 환경에 대한 요란한 외부 영향에 특별한 중요성을 부여하는 방식 외에는 중요한 국면과 사소한 국면을 구분할 길이 전혀 없게 된다. 하지만 공생과 더불어 우리는 어떤 객체의 환경에 중요한 것이 아니라 주로 그 객체에 중요한 국면에 관해 언급하고 있다. 더 일반적으로, 중요한 사건과 사소한 사건을 구분하지 못하는 ANT의 상대적 무능으로 인해 그 이론은 객체의 생명 주기를 전혀 조명할 수 없게 된다. 어떤 의미에서 그 점은 어쨌든 논의할 여지가 있는데, 그 이유는 행위자를 어떤 순간에서든 그것이 맺은 관계들의 총합으로 과하게 동일시함으로써 ANT가 시간이 지남에 따라 '같은' 객체의 현존을 정말로 허용하지 않기 때문이다. 엄격한 의미에서 라투르주의적 행위자는 (그 선구자인 화이트헤드의 '현실적 존재자'와 마찬가지로) 순간적으로만 지속할 뿐이고, 그다음 순간에 유사하지만 같지는 않은 행위자로 대체된다.

5. ANT 장점 : "우리는 서로 다른 유형의 존재자들을 구분할 수 없다."

라투르는 자신의 "존재양식" 프로젝트에서 근대의 인간/비인간 이원성으로 얼마간 되돌아가는데, 그 프로젝트에서 양식들은 "유사객체"와 "유사주체"에 대한 각자의 관계들에 따라 분류된다.[6] 그런데도, 『비환원』[7]에서 나타나는 평평한 존재론은 우리가 모든 사물을 엄격한 분류학적 구분을 하지 않은 채 행위자로 여겨야 함을 요구한다.

5. ANT 약점 : "우리는 서로 다른 유형의 존재자들을 구분해야 한다."

궁극적으로, 이론다운 이론은 모두 인간, 비인간, 자연적 존재자, 문화적 존재자, 기술, 꽃, 포유류, 기타 등등 사이의 차이를 조명해야 한다. 최근에 라투르가 서로 다른 존재양식들 사이에서 그런 구분을 하고자 한 시도는 흥미로운 결과를 낳고 있지만, 행위자의 유형들 사이에서는 그런 구

---

6. Bruno Latour, *An Inquiry into Modes of Existence.*
7. Bruno Latour, *The Pasteurization of France.*

분을 하려고 시도조차 하지 않는다. ANT의 경우에 이 작업은 여전히 미완의 과업이다.

요약하면, OOO는 다음과 같이 주장한다. (1) 존재자는 그저 공개된 행위자라기보다는 오히려 부분적으로 물러서 있는 객체다. (2) 객체들 사이의 관계는 비호혜적일 수 있다. (3) 객체들 사이의 관계는 비대칭적일 수 있다. (4) 객체의 중요한 관계와 사소한 관계 사이에는 차이가 있다. 그리고 (5) 철학의 과업 중 하나는 객체의 서로 다른 유형들 또는 집합들을 분류하는 새로운 방식을 찾아내는 것이다. 이들 다섯 가지 논점에서 어떤 관련 원리들을 도출하려고 시도하기 전에, 암스테르담에서 동인도를 지배한 기업에 관해 덧붙일 것이 있다.

2부 네덜란드 동인도회사

앞의 결론은, VOC는 자신의 역사에서 셀 수 없이 많은 극적인 우발 사건 중에서 그 기업의 실재를 전환한 공생을 단지 다섯 번 겪었을 뿐이라는 것이다. 이들 공생은 다음과 같다.

- 1614년 : 코엔의 『인도 정세 논고』
- 1619년 : VOC 수도로서 바타비아의 설립
- 1623년 : 암본에서의 학살과 그 결과 확정된 향신료 제도의 지배
- 1625년 : VOC가 아시아 내부 교역으로 방향을 재조정하다.
- 1641년 : 포르투갈인들에게서 말라카를 탈취함으로써 옛 아랍과 중국의 무역 항로를 함께 연계하다.

VOC의 생에서 이들 공생의 국면을 식별하려고 시도한 다음에, 우리는 무엇이 이들 각 국면의 구조를 매우 다르게 만드는지 고찰하기 위해 VOC의 흥망성쇠 국면을 정확히 포착하려고 시도해야 한다.

VOC의 탄생은 그 자체로 흥미로운 사태다. 1580년에 스페인 국왕 펠리페 2세는 공석이던 포르투갈의 왕좌에 대한 권리를 주장했다. 그리하여 그 두 나라는 통합되었고, 양국의 해외 재산은 여전히 별개로 유지되었지만 1668년까

지 통일국가로 남아있을 것이었다. 1581년에 네덜란드인들은 스페인 합스부르크 왕조의 지배에 맞서 반란을 일으켰고, 오라녜 가문이 이끄는 독립 네덜란드 연합왕국을 형성했다. 그런데 이베리아의 통합 세력과 네덜란드가 전쟁 상태에 있었기에 네덜란드 선박은 리스본 입항을 금지당했다. 이런 상황으로 인해 암스테르담과 안트베르펜에서, 포르투갈에의 용이한 접근과 더불어 네덜란드의 해상 역량과 북유럽에서의 방대한 상업 네트워크에 힘입어 번성했었던 향신료 교역이 거의 이루어지지 않게 되었다. 네덜란드인들이 수지맞는 향신료 교역을 지속하고 싶어 했다면, 이제 그들은 새로이 위험한 상황 속에서 모든 일을 스스로 하는 수밖에 없었다. 1592년에 얀 호이헨 반 린스호텐의 『여행일정』이 출판됨으로써 네덜란드인들은 고무되었다. 이전에 고아Goa에서 포르투갈인들에게 2년 동안 고용되었던 반 린스호텐은 그 도시를 감히 벗어난 적이 결코 없었지만, 더 동쪽의 모든 지점에 관한 정보를 부지런히 수집했다. 반 린스호텐은 동인도의 식물상과 지리에 관한 상세한 서술과 더불어 고아에 보관된 포르투갈인들의 기록에서 몰래 베낀 항해와 통상의 기밀을 공유했고, "포르투갈인들과 그들의 탐욕, 불화, 조직 부재에 관한 솔직한 해설"을 제공했으며, 그리하여 "그 지역 포르투갈인들의 무적 신화의 기반을 약화했다."[1] 단지 일 년이 지난 후에 일단의 네덜란드 상인이 동인도의 지도를 의뢰했고, 불운한 코르넬리스 데 하우트만은 아무튼 리스본으로 진상 조사 여행을 할 수 있었다. 1595년에 하우트만은 반텐으로 향하는 첫 번째 네덜란드 항해의 지휘관으로 임명되었는데, 알다시피 그 선단은 그다음 해에 반텐에 도착했다. 그 후, 다양한 원정대가 시장가격을 하락시킴으로써 서로 약화하고 있음이 명백해질 때까지, 그 지역으로 향하는 네덜란드의 항해가 여러 번에 걸쳐 이루어졌다. 선택된 해결책은 모든 네덜란드 동인도 무역상이 통합된 한 기업에서 작업하도록 강요하는 것이었는데, 처음에 그 계획은 각자 그 기업의 독립성을 시기한 네덜란드의 다양한 지역 또는 '회의소'의 저항을 맞닥뜨렸지만 말이다. 그들의 망설임은 1602년에 '17인의 신사' – 암스테르담을 대표하는 8명의 상인, 미델뷔르흐를 대표하는 4명의 상인, 그리고 델프트와 엔쿠이젠, 호른, 로테르담을 대표하는 각각 1명씩의 상인 – 로 알려진 이사회를 갖춘 VOC를 설립함으로써 해결되었다. 유력한 대도시가 언제나 자동으로 다수파가 되는 것을 막기 위해, 가부동수일 때 결정권을 갖는 17번째 이사는 암스테르담을 제외한 그 밖의 도시들이 돌아가면서 맡았다. 1603년 12월에 첫 번째 통합 VOC 선단이 파견되었고, 알다시피 1605년에 그 선단은 암본의 포르투갈 요새를

1. Ian Burnet, *East Indies*, p. 69.

함락시켰다.

이제 VOC의 성숙을 고찰하자. 일찍이 나는 VOC가 1641년에 말라카를 손에 넣음으로써 하나의 객체로서 성숙한 형태에 이르렀다고 주장했다. 재정적 의미와 군사적 의미에서 후속 조치들이 있었지만, 우리는 이들 조치를 후속적인 일단의 공생이라기보다는 오히려 VOC 팽창의 일부로 여길 수 있다. 첫 번째 후속 조치는 1669년의 마카사르 정복이었는데, 그리하여 VOC는 향신료 제도에 대하여 1623년에 암본에서 획득한 독점권보다 더 완전한 독점권을 확보하게 되었다. "〔마카사르를 정복한 이후〕 다음 70년 동안 〔VOC〕는 그 주주들에게 지속적인 수익을 넘겨주었고 세계에서 유례가 없었던 가장 강력한 무역회사가 되었다."[2] 하지만 1670년과 1700년 사이에 암스테르담의 모든 수입품 중 정향과 고급 향신료가 차지한 전체 시장 점유율이 59%에서 35%로 하락했었다고 버넷은 보고하는데, 그 사태는 향신료가 VOC의 독점 특산품이었다는 점을 참작하면 걱정스러운 징조였다. 한편으로, 같은 기간에 인도산 직물의 점유율이 29%에서 44%로 상승했는데, 요컨대 인도의 생산품은 VOC라기보다는 오히려 영국의 장기였다. 그런데 "차와 커피는 거의 무에서 25〔%〕로 〔증대했〕"[3]는데, 이 사태는

---

2. 같은 책, p. 136.

영국에 좋은 또 하나의 징조였다. 중국에 대한 영국의 접근권이 더 컸다는 사실을 참작하면, 특히 차와 관련하여 영국에 유리한 상황이었다. 상업적으로 위협적인 다른 것들이 서반구에서 발산되었는데, "옥수수와 감자, 토마토, 칠리 페퍼 같은 신세계산産 야채가 사람들의 식단에 다양성을 더하고 있었다. 피에르 푸아브르에 의해 동인도에서 밀수된 것들과 프랑스 식민지에서 출시된 것들처럼 새로운 출처에서 들여온 정향과 육두구와의 경쟁이 또 하나의 난점이었다."[4]

VOC의 쇠퇴는 그리 멀지 않았다. 18세기에 접어든 후에 상황은 점점 더 나빠졌는데, "네덜란드는 프랑스와 벌인 전쟁으로 인해 국가 부채가 증가했을 뿐만 아니라 〔네덜란드〕 공화국의 함대도 약화될 수밖에 없었는데, 그리하여 1720년 무렵에 영국이 네덜란드를 대신하여 세계의 지배적인 해양 강국이 되었다."[5] VOC는 즉각적으로 붕괴하지는 않았지만, 요컨대 이 시기에는 더는 배고프지 않고 다만 이미 소유하고 있는 것을 계속 유지하려고 애쓰는 기업으로 가늠하게 된다. 1759년에 VOC가 캘커타의 영국인들을 공격한 작전은 부적절하게 계획되어 실행되었고, 그리하여 프랜시스 포드 대령의 육군에 철저히 격퇴당했는데, "〔700명 중〕 겨우

3. 같은 책, p. 136.
4. 같은 책, p. 136.
5. 같은 책, p. 137.

16명의 유럽인만이 그 전투에서 산 채로 도피하여 친수라 Chinsurah에 있는 네덜란드의 〔교역소〕에 도달할 수 있었다."[6] 그런데도, 쇠퇴기에 있는 객체가 흔히 그렇듯이, 이 시기에 VOC는 약간의 이득을 이럭저럭 거둘 수 있었다. 1722년에는 당시에 조호르를 지배한 부기스족과 주석에 대한 독점권을 거래했는데, 현대 싱가포르 부근의 탄중피낭이 그 지역의 주요 항구가 되었다. 느지막이 1784년에도 VOC는 좋은 해를 보냈다. VOC는 리아우 제도의 라자 하지를 속여서 영국인들에게서 공동으로 약탈한 아편 중 그의 정당한 몫을 빼앗은 후에 후속적인 사기 행위를 벌였고 그에 대한 선제공격을 시도했다. 이 사태는 VOC의 기함이 또 한 번의 화약 폭발로 파괴되면서 비참하게 끝났다. 그리하여 라자 하지는 말라카를 공격하여 포위했고, 부기스족의 승리가 임박한 듯 보였다. 하지만 바로 그때 규모는 작지만 강력한 함대가 말라카에 나타났는데, VOC라기보다는 오히려 실제 네덜란드 해군(!)에 속하는 함대였다. 이 해군은 침략자들 근처에 장병들을 상륙시켰고, 그들의 요새를 함락시켰으며, 라자 하지를 살해했다. 그 장병들은 그곳에서 탄중피낭으로 진격하여 수적으로 우세한 부기스족 병력을 도살했다. 그 결과, 네덜란드인들은 리아우의 요새를 넘겨받았다.

6. 같은 책, p. 145.

그런데도 VOC가 중대한 아시아의 전투에서 네덜란드 해군에 군사적으로 의지하여 살아남았다는 사실은 그 기업 자체의 쇠퇴를 암시하는 불길한 징조였다.

VOC의 종언은 호우처럼 빨리 다가왔다. 네덜란드인들은 미합중국 혁명에도 개입하게 되었는데, 요컨대 프랑스에 이어 두 번째로 13개 식민지의 독립을 인정했다. 그 결과, 영국이 1780년부터 1784년까지 줄곧 네덜란드의 항구들을 봉쇄함으로써 네덜란드는 견디기 어려운 경제적 피해를 보게 되었다. 이 시기 초에 "VOC는 〔1781년에〕 '특별' 회의를 소집했다 … 기업 신용이 위기에 처한 이유는 호른 회의소가 상환 요구를 충족시킬 수 없었기 때문이었다."[7] 네덜란드 정부는 VOC에 구제금융을 지원하기를 거부했고, 그래서 호른 회의소가 부도가 남으로써 VOC의 신용이 훼손되었다. 프랑스의 발흥도 VOC의 생에 개입하였는데, 나폴레옹은 1794년에 네덜란드를 침략하여 그다음 해에 정부를 침탈했고, 10여 년 후에는 바타비아를 점령했다. 급상승세의 영국이 VOC의 보유 자산을 잠식하기 시작했는데, 1795년에는 말라카를 점령했고 1796년에는 암본을 점령했다. 한편으로, VOC는 부도가 나서 국유화됨으로써 네덜란드 식민 당국의 소기관으로 전환되었다. 향후 수십 년 동안 여러

7. 같은 글, p. 138.

조약과 전투를 거쳐 바타비아와 말라카, 암본에 대한 유럽의 종주국이 바뀔 것이지만, VOC는 더는 존재하지 않았기에 자신의 이전 재산을 회복할 수 없었다.

2부 네덜란드 동인도회사

6. 네덜란드 동인도회사의 소개
7. 공생에 관하여
8. 코엔 총독
9. 바타비아, 향신료 제도, 말라카
10. 아시아 내부의 네덜란드 동인도회사
11. 행위자-네트워크 이론에 관한 재논의
12. 탄생, 성숙, 퇴락, 죽음
13. **객체지향 존재론 방법의 15가지 잠정적인 규칙**

OOO 방법을 완전히 적용하려면 더 길게 논의되어야 하지만, 이제 우리는 일련의 15가지 잠정적인 규칙으로 결론을 내릴 만큼 충분히 알고 있는데, 이들 규칙은 대체로 VOC에 관한 논의에서 도출된다.

규칙 1 : 행위자가 아니라 객체

사물은 자신의 활동에 의해 창조되기보다는 오히려 자신의 활동에 앞서 존재한다. VOC가 VOC인 이유는 그것이 향신료 제도를 정복하기 때문이 아니고, 오히려 VOC가 향신료 제도를 정복하는 이유는 그것이 VOC이기 때문이다. 암본과 테르나테, 티도레, 아이, 룬에서 전개된 군사 작전들은 별명이 붙은 어떤 유사실체가 수집한 무작위적인 별개의 사건들이 아니라, 네덜란드의 전매 기업으로 구상된 다음에 다른 유럽 강국들을 꺾고서 마침내 아시아 자체 내부의 교역으로 확대된 기존 존재자가 전부 수행했다고 여겨야만 타당하다.

규칙 2 : 유물론이 아니라 비유물론

고전적 형태든 현대적 형태든 간에, 유물론은 '단도직입적으로' 객체를 그것의 구성요소나 외부 효과로 대체하기 위한 프로그램이다. 그런데 알다시피, 객체는 흔히 자신을 구성하는 조각들보다 우위를 차지하고, 게다가 기꺼이 하든 마지못해서 하든 간에, 어떤 행위도 자제할 수 있다. 코엔이 1619년에 자야카르타에서 데일의 함대에 의해 살해당했다면, 코엔적인 VOC도 어쩌면 일찍 사망했었을 것이다. 이제 외부적인 역사적 영향을 미치는 것이라기보다는 "논고"라는 문서로만 남은 프로젝트이지만, 그것은 비존재의 틈새 속으로 떨어지지 않는다. 역사는 실패한 객체에 불친절하지만, 존재론은 그것의 실재성을 긍정해야 한다.

규칙 3 : 객체는 그것이 맺은 관계보다 그것이 맺지 않은 관계로 더 잘 알게 된다.

ANT는 관계를 맺지 않은 객체를 고립된 실패자로 여기는 경향이 있지만, 비유물론은 어떤 객체의 단계들을 주로 상호연결성이라기보다는 오히려 자율성을 향한 도정으로 여긴다. VOC는 이 점을 잘 나타내는 특별히 훌륭한 사례인데, 그 이유는 VOC의 역사가 암스테르담에서 그 기업을 제어하고자 하는 시도가 증대하는 사태, 즉 전자통신이 17세기 또는 18세기에 아무튼 발명되었었더라면 발생했었을 사태를 보여주지 않기 때문이다. 오히려, 우리는 훨씬 더 큰 자율성을 향한 VOC의 움직임을 보게 되는데, 적어도 네덜란드 해군이 부기스족의 말라카 침공으로부터 VOC를 구조해야만 할 때까지는 말이다.

규칙 4: 객체는 그것이 거둔 성공보다 인접한 실패로 더 잘 알게 된다.

ANT는 행위자를 더 강하게 만드는 동맹을 찾도록 우리에게 요청하는 반면에, 비유물론은 객체의 약점이 흔히 더 중요하다고 주장한다. 내가 '인접한' 실패라고 말하는 이유는, 예를 들면, VOC가 최초로 달에 상륙하지 않았다고 비웃는 것은 터무니없을 것이기 때문이다. 1795년에 일어난 VOC 죽음과 1969년에 성공한 아폴로 계획 사이에는 너무나 많은 중간 객체가 놓여 있다. 그 대신에 우리는 처음부터 뻔한 결론이 아니었던 인접하는 실패를 찾아야 한다. 어쩌면 VOC가 언젠가 일본이나 중국 – 이들 적국이 너무나 강한 것으로 판명되었을지라도 – 에서 우위를 차지했었을 경우도 생각할 수 있고, VOC가 캘커타와 마카오 – VOC는 두 곳에서 모두 군사적인 견지에서 대단히 실패했다 – 에서 승리했었을 경우도 생각할 수 있다. 이들 실패 사례는 무한한 VOC 팽창주의의 원리와 그 무한한 지속을 제약하는 요소들 사이에 존재하는 영구적인 간극을 조명한다. 또한, 그것들은 끝없는 반사실적 사변을 위한 연료를 공급하는 '유령' 객체들을 생성할 수 있는데, 요컨대 그런 사변 모두가 무가치한 것은 아니다.

규칙 5: 사회적 객체를 이해하는 데 필요한 열쇠는 그것의 공생들을 찾아내는 것이다.

첫 번째 VOC 공생은 우리가 논의한 적이 없는 것이다. VOC의 역사 초기에 동인도에서 비용과 분쟁이 증가함에 따라, 그 기업 이사회는 총독으로 불릴 새로운 관리가 이끄는 동인도 총독정청을 반텐에 설치하는 중요한 조치를 했다. 1610년에 피에테르 보트가 초대 총독으로 부임했는데, 악명 높은 코엔은 제4대 총독과 제6대 총독으로 봉직할 것이었다. 총독이라는 지위를 마련한 이 조치는 추가적 공생으로 여길 만한데, 그 이유는 그 조치로 인해 VOC가 네덜란드 본국으로부터 더 자율적인 기업이 됨으로써 코엔이 EIC와의 휴전 협정에 대해 전면적인 반란을 일으키기 위한 환경을 조성했기 때문이다. 그러므로 우리는 이전 목록 – 1614년(코엔의 논고), 1619년(바타비아), 1623년(암본), 1625년(아시아 내부의 선단), 그리고 1641년(말라카) – 에 1610년 사태를 추가해야 하고, 그리하여 정확히 여섯 가지의 공생이 제시된다. 다른 경우에는 이 개수가 다소 변할 수도 있다.

규칙 6 : 공생은 객체의 생애에서 비교적 일찍 발생할 것이다.

많은 사회적 객체는, 1619년에 코엔적인 VOC에 거의 일어날 뻔했듯이, 때 이른 죽음을 맞이한다. 살아남은 객체의 경우에, 그 객체가 오래 생존하더라도 성장의 창은 비교적 짧을 것이다. 위에 나열한 목록에서 알 수 있듯이, 여섯 가지의 공생이 VOC의 생에서 처음 40년 동안에 발생했다. 이들 공생은 선택지의 공간이 축소되기에 충분할 만큼 객체를 경로 의존적으로 만드는 경향이 있을 것이다. 1641년 이후에는 VOC가 특정한 향신료들에 대한 독점권을 요구하는 상업과 매우 강하게 연계되고, 지속적인 배당금을 기대하는 주주들에게 크게 의지하게 되며, 적과 경쟁자들로 둘러싸이게 됨으로써 VOC의 사업모형에서 근본적인 변화는 더는 가능하지 않을 것이다. 그러므로 향후 수십 년 동안 VOC의 이윤과 승리가 증가하더라도 그 기업의 필멸이 시야에 들어온다.

규칙 7 : 공생은 객체의 특질이 일단 확립되면 무한정 유연하지는 않다.

모든 사회적 객체는 자신의 가능한 거취 범위가 급격히 협소해지는 귀환 불능 한계점이 있다. 나는 1623년을 VOC의 귀환 불능 한계점으로 여기고 싶다. 암본에서 영국인들을 학살한 이후에는 그 기업의 최대주의적 프로그램이 더는 철회될 수 없었는데, 이제 VOC는 유럽인들과 아시아인들에 공히 적대적인 강력한 독점에 전력을 기울이게 된다.

규칙 8 : 공생은 강한 유대로 성숙하는 약한 유대다.

객체가 맨 먼저 갖는 강한 유대는 그것이 탄생하는 순간부터 존재하는 것이다. 이런 이유로 인해 암스테르담과 어떤 이국적인 향신료들, 네덜란드의 일반적인 해사 기술은 VOC의 후속 발전을 견인하는 요소들이라기보다는 오히려 그 기업의 최초 '모선'의 일부인 반면에, 바타비아와 인도산 직물, 아시아 내부 선단 계획과 맺은, 당초에 약한 유대는 공생이 발생할 수 있게 한다. 효율성의 법칙은 우리가 자신의 다양한 소기관들과 항상 더 긴밀하게 연계해야 한다고 요구한다. 실험적이고 모험적인 공생으로 시작하는 것이 결국에는 객체의 바로 그 생을 위태로운 지경에 이르게 하는 지나치게 의존적인 결속이 된다. 일단 향신료가 인기를 잃거나 카리브해의 프랑스 식민지로 확산하면, VOC가 향신료 제도와 맺은 강한 유대는 VOC를 약화하는 경로 의존적인 부담이 된다.

규칙 9 : 공생은 비호혜적이다.

호혜적 상호작용의 모범 사례는 "모든 작용에는 크기가 같고 방향이 정반대인 반작용이 있다"라고 진술하는 뉴턴의 운동 법칙에서 비롯되었다. 공생은 이 사례와 같지 않다. 한 객체는 다른 한 객체와 유대를 맺을 수 있는 한편으로, 후자는 전자와 아무 유대도 절대 맺지 않는다. 지구에서 수

백만 광년 떨어져 있기에 호모 사피엔스와 어떤 현행 관계도 맺을 수 없는 안드로메다 성운과 천문학자의 연계 사례를 생각하자. VOC가 반다 제도 문화와 맺은 관계와 같은 사례들에서, 후자는 공생하기보다는 오히려 더 강한 객체의 손에 노골적으로 파괴된다. VOC의 코엔과의 공생과 코엔의 VOC와의 공생처럼 두 객체가 동시에 서로 공생할 수도 있는데, 이들 사례는 여전히 다른 공생이다. '포도주 빛깔의 짙은 바다'는 '바다 빛깔의 짙은 포도주'가 아닌데, 호메로스가 같은 연에서 그 두 표현을 모두 사용했더라도 말이다.

규칙 10 : 공생은 비대칭적이다.

대칭적 관계는 객체들이 공동의 특질이나 관심사에 의해 함께 결합하는 관계다. 예를 들어, 1976년에 일부 부유하고 강력한 민주주의 국가들 – 영국, 프랑스, 서독, 이탈리아, 일본, 미합중국, 그리고 캐나다 – 이 결성한 G7을 생각하자. 이들 나라는 강하게 연계되어 있음이 명백한데, 오늘날의 유럽연합EU 28개국이 그런 것과 꼭 마찬가지다. 그런 존재자들은 변화의 원천으로서 아무 소용이 없다는 불평이 흔히 제기되지만, 그것이 바로 핵심인데, 요컨대 운동이라기보다는 오히려 안정성을 생성할 의도로 일부러 강한 유대가 맺어진다. 나는 오늘날의 국제연합UN 193개국의 경우에도 마찬가지라고 말할 것이다. 매우 다양한 이들 나라는 유용한 정치체를 만들어내기에 충분할 만큼 공유하는 것이 없다고 생각할 수도 있겠지만, 진실은 주권이라는 최소공통분모에 따라 그것들의 유대가 너무나 강하다는 것이다. 국제연합은 안정화를 목적으로 설계된 조직이다. 더 비대칭적인 관계는 1998년에 러시아를 합류시킴으로써 G7이 확대된 사태에서 찾아볼 수 있는데, 러시아는 당시에 상대적으로 약한 국가라는 사실에 힘입어 특질과 국가적 이해관계가 꽤 달랐음에도 비교적 아무 걱정도 끼치지 않은 채 그 집단에 진입할 수 있었다. 하지만 석유로 벌어들인 러시아의 부가 증대하고 블라디미르 푸틴이 조지아와 우크라이나에 대해 강경한 정책을 시행함으로써 러시아의 차이점이 부각되었다. 그리하여 비공생적인 G7이 편입시킬 의도가 결코 없었던 비대칭성이 생성됨에 따라 러시아의 회원국 자격이 정지되었다.

규칙 11 : 사건으로서의 객체는 객체로서의 객체의 메아리다.

몇 년 전에 우연히 나는 애플과 마이크로소프트가 이룩한 개인용 컴퓨터 혁명에 관한 텔레비전 다큐멘터리 영화를 시청하게 되었다. 그 영화에서 인터뷰에 응한 한 사람이 미합중국 대중문화에 관해 외관상 무해한 의견을 진술했는데, "당신은 1960년대가 실제로는 1970년대에 일어났음을 기억해야 합니다." 그 발언의 요점은 어떤 객체가 그것의 애초 전성기 이후 단계에서 아무튼 '더더욱' 존재한다는 것인 듯 보였다. 어떤 면에서는 미합중국의 극적인 1960년대에 나타난 마리화나 피기와 자유연애, 내부 폭력이 가식적이고 무미건조한 1970년대에 의해 훨씬 더 잘 드러났다. 이와 마찬가지로, 최대주의적 VOC는 1614년에 출간된 코엔의 논고에 이미 존재하는데, 그 기업은 향신료 제도가 그것에 폭력적으로 예속되는 거의 10년 후에 '더더욱' 존재하는 것처럼 보일지라도 말이다. 우리는 이렇게 말할 수 있을 것이다. "당신은 코엔의 1614년 논고가 실제로는 1623년에 일어났음을 기억해야 합니다."

규칙 12 : 객체의 탄생은 호혜적이면서 대칭적이다.

규칙 10에서 우리는, G7처럼 공통 관심사에 기반을 둔 문자 그대로의 집단이 본질적으로 모험적인 공생이 아니라 안정화 메커니즘이라는 점을 이해했다. 이 점에 근거하여 우리는, VOC의 탄생이 다양한 회의소 사이의 공생이 아니고, 오히려 암스테르담과 델프트, 엔쿠이젠, 호른, 미델뷔르흐, 로테르담의 공통 관심사에 기반을 두고서 강요된 문자 그대로의 타협이라고 이해할 수 있다. 이들 도시는 모두 자신의 재화에 대해 높은 가격을 유지하는 기득권을 지닌, 네덜란드어를 사용하는 해양 도시였다. 암스테르담과 미델뷔르흐는 더 큰 힘을 보유하고 있었기에 VOC의 기업 이사회에 더 많은 대표자를 파견할 수 있었지만, 어쨌든 그 도시들은 모두 같은 법률로써 연계되었다. 객체의 탄생은 효율성을 증가시키는 것을 대가로 자율성을 축소하는 것을 뜻하는 반면에, 공생은 더 큰 위험을 무릅쓰면서 어쩌면 훨씬 더 큰 보상을 얻는 것을 대가로 자율성을 확대하는 것을 뜻한다. 사회적 객체의 탄생은 모험의 정신이라기보다는 오히려 이익의 정신에 의해 좌우되는 반면에, 공생의 경우에는 그 반대가 들어맞는다.

규칙 13 : 객체의 죽음은 그것이 맺은 유대가 지나치게 강한 데서 기인한다.

VOC는 그것이 말라카, 암본, 바타비아, 육두구, 또는 메이스와 맺은 연계가 약함으로 인해 사라진 것이 아니고, 오히려 그런 유대의 과도한 강함으로 인해 사라졌다. 강한 유대는 종속을 뜻하고, 그리고 종속은 유대가 갑자기 약화될 때 황폐를 뜻하는데, 이를테면 1700년대에 향신료의 수익이 폭락한 경우, 또는 공격에 대한 말라카의 취약성이 증가함으로 인해 안전에 대한 네덜란드 해군에의 의존성이 증가한 경우에 VOC가 그러했다.

규칙 14 : 객체의 성숙은 그것의 공생이 팽창하는 데서 비롯된다.

동쪽 지역에서 VOC의 공생은 1623년에 암본을 장악함으로써 완결되었다. 1669년에 VOC가 거점 마카사르를 점령한 사태는, 향신료 제도에 대한 VOC의 일반 소유권이 1623년 이후에 대체로 논란의 여지가 없었던 사실을 참작하면, 새로운 공생의 생성이라기보다는 오히려 1623년에 완결된 공생의 팽창이었다. 일반적으로 객체가 탄생한 후 수십 년 안에 그 객체의 공생이 일단 완결되면, 그것은 새로운 단계로 진입하는 것이 아니라 팽창하거나 쇠퇴하거나 죽을 수 있다.

규칙 15 : 객체의 퇴락은 그 공생들의 정형화에서 비롯된다.

예술이나 철학에서는 성공적인 운동을 이끄는 막연한 혁신들이 어떤 통속적 예술가도 활용할 수 있는 공식으로 환원될 때 퇴락이 언급된다. 피카소와 마티스가 여전히 비웃음의 대상으로서 무명의 젊은 화가였던 시절에 파리를 지배한 표상적인 '아카데미 미술'을 생각하자. 또한, 1960년대 초기 뉴욕의 통속적인 후기 추상표현주의 회화를 생각하거나, 또는 오늘날 모든 아마추어 화가가 쉽게 그릴 수 있는 통속적인 입체파 회화를 생각하자. 어쩌면 우리는 독일

관념론, 현상학, 해체, 또는 이미 절정기에 도달해 버린 철학 운동의 말년을 회상할 수도 있을 것이다. 저자들은 후설, 데리다, 또는 들뢰즈처럼 '들리게' 하려고 노력하는데, 요컨대 이들 사상가가 직면한 진정한 위험과 더는 접촉하지 않으면서도 그들의 언어적 및 개념적 매너리즘을 반복한다. 이것이 퇴락의 표식이다. 여기서 우리는 끊임없는 혁신이 필요한 이유를 알게 되는데, 그 이유는 (보수주의자들이 견지하는 대로의) 영구적인 진리가 지배하는 상황을 몰아내고자 하는 공허한 지적 유희 때문이 아니고, (좌파가 견지하는 대로의) 뱀파이어 자본주의가 빨아먹을 수 있는 피를 갖춘 새로운 상품의 끝없는 생산 때문이 아니고, 오히려 모든 객체는 결국 자신의 캐리커처, 즉 쉽게 모방될 수 있고 쉽게 숙달되는 직설적 내용으로 전환되기 때문이다.

이것을 객체지향 사회 이론의 제일第一 원리들을 담은 간결한 목록으로 활용하자. 내가 객체지향 사회 이론을 '비유물론'이라고 지칭한 이유는 모든 유형의 유물론이 어찌할 도리가 없게도 이중 환원하는 특질을 갖추고 있기 때문이다.

부록

1. 전기적 의미에서의 퇴락 : 행위자-네트워크 이론에서 거리두기

2. 망각의 차가움 : 철학, 고고학, 그리고 역사에서의 객체지향 존재론

부록

1. 전기적 의미에서의 퇴락 : 행위자-네트워크 이론에서 거리두기[1]

2. 망각의 차가움 : 철학, 고고학, 그리고 역사에서의 객체지향 존재론

1. 객체지향 존재론과 행위자-네트워크 이론

객체지향 존재론OOO은, 다양한 출판물에서 많이 기록한 대로, 지적으로 브뤼노 라투르에게 큰 신세를 지고 있다.[2] 그러므로 객체지향 사회 이론의 전개는 라투르의 행위자-연결망 이론ANT에 많은 신세를 질 수밖에 없었다.[3] 내가 아는 바로는, ANT가 사회 이론에 주요하게 이바지한 것은 두 가지가 있다. 첫 번째 것은 그 이론의 평평한 존재론인데, 여기서 개개의 스크루드라이버, 쥐, 또는 에스프레소는 주어진 프로젝트에 관한 이야기를 잘 전달하는 데 일조를 하는 한편으로, '사회'나 '자본주의' 같은 흐릿한 구체물은 어려움을 겪음이 틀림없다. 밀접히 관련된 두 번째 것은 ANT가 알프레드 노스 화이트헤드의 "존재론적 원리"를 고

---

1. [옮긴이] 이 논문은 Graham Harman, "Decadence in the Biographical Sense : Taking a Distance from Actor-Network Theory," *International Journal of Actor-Network Theory and Technological Innovation*, vol. 8, no. 3, 2016, pp. 1~9를 옮긴 것이다.
2. Graham Harman, "The Importance of Bruno Latour for Philosophy," *Cultural Studies Review*, vol. 13, no. 1, 2007, pp. 31~49; Graham Harman, *Prince of Networks* [그레이엄 하먼, 『네트워크의 군주』]; Bruno Latour, Graham Harman, and Peter Erdélyi, *The Prince and the Wolf: Latour and Harman at the LSE*, Winchester, Zero Books, 2011.
3. Graham Harman, *Immaterialism: Objects and Social Theory*, Cambridge, Polity, 2016 [그레이엄 하먼, 『비유물론』, 김효진 옮김, 갈무리, 2020]; Bruno Latour, *Reassembling the Social*.

수하는 데서 비롯된다. 그 원리는 일어나는 모든 일에 대한 이유는 하나 이상의 현실적 존재자 – 라투르가 "행위자"로 부르는 것 – 의 구성에서 찾아야 함을 뜻한다.[4] 어쩌면 다른 사회 이론가들 역시 이들 원리를 전개한다고 주장할 것이지만, 그들 중에는 라투르 자신만큼 일관성이나 다정한 위트를 갖추고서 전개한 사람은 아무도 없다. 라투르의 저작을 50페이지 정도 읽다 보면, 적어도 한 번, 그것도 가장 좋은 이유로 큰 웃음을 터트리지 않을 도리가 없다.

그런데 OOO가 더 가미된 사회 이론을 전개하려면 ANT의 약점도 마주하는 것이 중요하다. 내가 아는 바로는, 20세기 초에 현상학이 나타난 이후로 가장 중요한 철학적 방법으로 내게 여겨지는 그 독창적인 이론의 주요한 약점은 적어도 다섯 가지가 있다. 나는 2016년에 출판된 『비유물론』이라는 책[5]의 11장을 이들 약점을 요약하는 데 할애했다.

1. ANT가 '행위자'를 언급하는 이유는 그 용어가 사물을 자신이 현재 행하고 있는 것을 넘어서는 어떤 과잉이나 잉

---

4. Alfred North Whitehead, *Process and Reality*. [알프레드 노스 화이트헤드, 『과정과 실재』.]

5. 지금부터 이 책과 관련된 모든 페이지는 괄호로 나타낼 것이다. [한국어판의 쪽수는 대괄호 [ ]로 표시했다.]

여도 허용하지 않은 채 그 행위들로 환원하기 때문이다. 하지만 사물은 행하기에 실재적이라기보다는 오히려 사물은 실재적이기에 행할 수 있을 뿐이다. 그렇다면 당연히 어떤 사물의 대다수 실재 또는 모든 실재는 어쩌면 자신의 힘을 전혀 펼치지 않으면서도 현존할 수 있을 것이다.(97~9 [157~160])

2. ANT는 모든 관계를 호혜적이라고 여긴다. 라투르가 행위자는 자신이 맺은 관계들의 총합으로 규정된다고 주장하기 때문에 당연히 행위자는 자신의 이웃 중 가장 약한 이웃에 의해서도 부분적으로 규정된다. 가난한 사람들은 국가에 그저 '억압당할' 수는 없는데, 그 이유는 그들 역시 국가에 어떤 영향을 미치기 때문이다. 그렇다면 당연히 행위자들의 적절한 배치가 이루어지면 가난한 사람들은 자신들의 약점을 강점으로 반전시킬 수 있을 것이다. 이런 일은 혁명 이론에서도 명백히 일어날 수 있지만, 라투르는 ANT가 그런 이론보다 훨씬 더 쉽게 해낼 수 있다고 생각하는데, 그 이유는 원칙적으로 모든 힘이 같은 발판 위에 있기 때문이다. 하지만 고고학자 이안 호더가 라투르에 맞서 주장한 대로, 힘 또는 의존성이 두 존재자 사이에 호혜적인 것이 아니라 단지 일방적으로 이행되는 경로 의존적인 '얽힘'의 사례가 많이 있다.(99~101 [160~162])

3. ANT는 모든 관계를 대칭적이라고 여긴다. 이 논점은 객

체와 그 성질들 사이의 차이에 관한 OOO의 주장에서 비롯되는데, 그 주장은 라투르의 ANT에 부재할 뿐만 아니라 우리가 이용할 수 있는 모든 비非OOO 이론에도 부재한다. ANT는 행위자들이 서로의 성질들에 작용한다고 여기는 반면에, OOO의 경우에 이 사태는 우주의 절반일 뿐인데, 이를테면 2016년 11월 26일에 우리가 1.00 유로는 1.06 US 달러와 같다고 말할 때처럼 사물들 사이의 직서적 관계들로 이루어진 절반이다. 이 경우에, 우리는 다른 사물들과 교환될 수 있는 화폐의 상대적 질 또는 능력(여기서 이들 용어의 차이는 무의미하다)을 비교하고 있다. 하지만 그런 직서적 관계들과 더불어, OOO는 사물들 사이에 암시적 또는 비유적 관계들을 설정하여 그 관계들에 이례적으로 강력한 역능을 부여한다. 비유의 이례적인 존재론적 지위를 이해하기 쉬운 길은 다음과 같다. 호메로스가 "포도주 빛깔의 짙은 바다"라는 유명한 비유를 사용할 때마다, 우리는 이 비유를 '바다 빛깔의 짙은 포도주'로 반전시킨 표현은 같은 비유를 산출하지 않음을 인식할 따름이다. 직서적 비교는 언제나 가역적인데, 펜은 연필과 같다 = 연필은 펜과 같다 ; 1.00 유로는 1.06 US 달러와 같다 = 1.00 US 달러는 0.94 유로와 같다. 하지만 포도주 빛깔의 짙은 바다는 바다 빛깔의 짙은 포도주가 아니다. 호메로스의 또 다른 비유를 거론하면, 장밋빛 손가락을 가진 새벽은 새벽빛 손가락을 가진 장미와 같지 않다. 이런 비대칭성에 대해서는 한 가지 흥미로운 이유가 있음이 판명된다. '포도주 빛깔의 짙은 바다'라는 비유의 경우에, 바다는 더 실물적인 포도주-성질들이 주위를 선회하는 불가해한 존재자다. 하지만 이제 우리가 '바다 빛깔의 짙은 포도주'라고 말하면 역할의 반전이 일어나는데, 이번에는 포도주가 그 표현의 불가사의한 주어가 되고 그 주위를 다양한 해상의 성질이 선회하게 된다. OOO는 그런 불가역적이고 비대칭적인 현상이 비유에서 발생할 뿐만 아니라 사회적 객체들의 관계에서도 발생한다고 주장한다.(101~4 [162~165])

4. ANT는 모든 관계를 동등하게 중요하다고 여기는 경향이 있다. 머리카락 하나가 내 머리에서 빠지거나 위험한 광대 도널드 J. 트럼프가 미합중국 대통령으로 선출된다면, 두 경우에 모두 다양한 행위자 사이의 관계들이 달라져 버렸다. 물론 라투르는 어쩌면 파괴적인 결과를 초래할 두 번째 사건이 그 결과가 사소한 첫 번째 사건보다 훨씬 더 중대함을 잘 알고 있다고 단언할 것이다. 하지만 두 사건은 모두 존재론적으로 동종의 것인데, 그 이유는 두 경우에 모두 다른 행위자들과 맺은 관계들이 변화함으로써 달라지는 행위자들이 수반되기 때문이다. 『비유물론』에서 나는, 사회 이론을 외부적 우발 사건에 대한 이런 집중에서

벗어나게 함으로써 어떤 객체의 생애에서 어떤 사건들이 특히 요란한지 묻는 것이 아니라 어떤 사건들이 해당 객체를 전적으로 새로운 단계로 이행할 수 있는지 물으려고 시도했다. 이런 시도가 생물학적 진화에 대해서 린 마굴리스의 연속 세포 내 공생설SET에 의해 이미 이루어진 적이 있기에 나는 마굴리스의 공생 개념을 사회 이론에 수입했다.[6] 『비유물론』에서 내가 선택한 주제는 네덜란드 동인도회사VOC의 역사였기 때문에 나는 VOC가 어떤 사람, 장소, 또는 사물에 어떤 강력한 영향을 미쳤을 뿐만 아니라, VOC 자체가 새로운 객체로 철저히 전환되지 않은 채 다른 단계로 진입한 대략 여섯 가지 국면을 판별하려고 시도했다. 이들 국면 중 일부는 비교적 조용히 지나갔는데, 그 중대한 결과는 몇 년이 지나고 나서야 명백해졌다. 더욱이, 나는 VOC의 사례에서 드러난 대략 여섯이라는 숫자가 우연한 것이 아니라, 인간의 이력을 비롯하여 모든 존재자의 생애에서 나타나는 전형적인 숫자일 것이라고 가정했다.(104~5 [165~166])

5. 이미 지적한 대로, ANT는 실재적 존재자든 비실재적 존재자든 간에 그것이 다른 행위자에 어떤 영향을 미치는 한에 있어서 모든 존재자를 같은 존재론적 발판에 두는

6. Lynn Margulis, *Symbiotic Planet*. [린 마굴리스, 『공생자 행성』.]

평평한 존재론이다. 한편으로, 이것은 강력한 철학적 방법이고, 우주 전체가 (a) 인간 및 (b) 여타의 것으로 분할될 수 있다는 근대주의의 상투적 수법, 즉 (a) 우리의 창조주 주님 및 (b) 여타의 것 사이에 이루어진 중세적 구분을 재탕한 판본에 불과한 이원론을 반대하는 데 유용하다. 하지만 다른 한편으로, 그것은 우리가 모든 것에 관해 같은 말을 하게 하는데, 요컨대 모든 것은 다양한 네트워크에서 자신이 맺은 관계들에 의해 규정되는 행위자다. 라투르는 일찍이 1987년에 ANT와 관련된 이 문제를 자각했고, 그래서 사반세기 후에 그 유명한 『존재양식에 관한 탐구』 프로젝트에서 절정에 이른 더 다원주의적인 판본의 이론을 진전시키기 시작했다.[7] 그 주제에 관한 라투르의 새로운 대작은 단순히 행위자들의 균일한 평평함을 반복적으로 역설하기보다는 오히려 열네 가지의 흥미로운 양식을 다루지만, 행위자-네트워크 이론(그 다섯 가지 약점을 포함하여)이 여전히 새로운 프로젝트의 기초를 이루고 있다. 『존재양식에 관한 탐구』가 우리에게 필요한 OOO 사회 이론을 제공할 수 없음을 보여주는 데에는 이런 사실만으로 충분하다.(106~7 [166~167])

---

7. Bruno Latour, *An Inquiry into Modes of Existence*.

2. OOO 사회 이론의 몇 가지 규칙

라투르는 『도구-존재』부터 줄곧 나의 모든 책을 읽은 소중한 오랜 친구이고, 게다가 그는 관대하게도 그 책들 각각에 관해 말할 멋진 것들을 언제나 찾아내었다.[8] 이런 긍정적인 태도의 첫 번째 예외는 『비유물론』에 대한 반응이었는데, 라투르는 그 책을 자신의 작업에 대한 논박으로 (대체로 잘못) 여겼던 것처럼 보인다.[9] 『비유물론』에 대하여 라투르가 제기한 주요한 불평은 그것이 "생물학적 비유"를 사용한다는 점이고, 여기서 어쩌면 공생이 라투르의 과녁인 것처럼 보일 것이지만, 그가 명시적으로 언급한 것은 퇴락이다. 내가 성숙과 짝을 지은 이 개념을 간략히 설명하자. 그런데 먼저, 과거에 내가 라투르가 니클라스 루만 역시 "생물학적 비유"를 사용한다 – 루만이 움베르토 마투라나와 프란시스코 바렐라에게 신세를 진 지적인 빚에서 기인하는 것으로 추정되는 실천 – 고 책망하는 것을 들은 적이 있다는 사실은 유의할 만하다.[10] 후기 루만에 관한 라투르의 에세이나

8. Graham Harman, *Tool-Being: Heidegger and the Metaphysics of Objects*, Chicago, Open Court, 2002.

9. Bruno Latour, Personal communication (email), September 6, 2016.

10. Humberto Maturana and Francisco Varela, *Autopoiesis and Cognition: The Realization of the Living*, Dordrecht, Kluwer, 1980. [움베르또 마뚜라나·프란시스코 바렐라, 『자기생성과 인지』, 정현주 옮김, 갈무리,

책보다 더 흥미로운 것은 거의 있을 수 없을 것인데, 라투르는 좋든 싫든 간에 미래 세대를 위한 위대한 동시대인으로서 루만과 연결될 것이다. 하지만 그런 글은 현존하지 않기에 우리는 그 출처에서 비롯되는 어떤 도움에도 의지할 수 없다. 그 대신에, 우리는 다만 라투르가 『비유물론』에서 제기되는 성숙과 퇴락이라는 개념들이 생물학적이라고 생각하는 까닭과 더불어 그런 절차에 어떤 문제가 있는지 자문해야 한다. 하지만 어쨌든 나는, 내가 사용한 성숙과 퇴락의 용법이 생물학이라기보다는 오히려 전기와 관련이 있음을 보여주려고 노력할 것이다.

앞서 나는 네덜란드 동인도회사를 해석하는 데 공생이라는 개념을 사용했다고 언급했다. 이 개념은 ANT의 약점 중 하나, 즉 모든 관계가 행위자를 동등하게 변화시킨다는 지나치게 호혜적/대칭적인 가정을 다루기 위해 마굴리스에게서 차용되었다. 마굴리스는 진화가 주로 매우 장기간에 걸쳐 아주 작은 단계들로 이루어진다고 여기는 다윈주의적 점진론을 거부하고, 생명 형태들이 융합하여 어떤 새로운 생명 형태를 창출할 때 주요한 진화적 국면이 발생한다는 모형으로 대체한다. 이 모형은, 초기 원핵세포에 독립적인 유기체들이 그 원핵세포의 원래 DNA에 유전 정보가 지

근간.]

정되지 않은 소기관으로 편입되는 공생을 거쳐서, 원핵세포로부터 다수의 소기관을 갖춘 진핵세포가 출현한 현상에서 착안되었다. OOO가 이 모형을 수정한 점은, 그것을 마굴리스가 의도한 생물학적 영역을 훨씬 넘어 적용하는 것 외에도, OOO는 한 유기체에서 더 복잡한 유기체로의 진화적 단계를 가리키는 데 '공생' 개념을 사용하지 않는다는 것이다. 그 대신에, 우리의 공생 용법은 동일한 유기체의 생애에서 나타나는 다수의 전환적 단계들을 구분하는 것이다. 그러므로 네덜란드 동인도회사의 생애에서 이루어진 여섯 번의 공생은 매 단계에서 그 기업을 다른 기업으로 전환하는 것이 아니라, 오히려 그 기업의 특질을 비가역적으로 규정하는 계기들인데, 이들 계기가 당시에는 중요한 것처럼 보일 수도 있고 아닐 수도 있다. 내가 제시한 여섯 가지 공생은 다음과 같다.(118 [181])

1610년 : 자바에 독립적인 총독정청이 설치됨으로써 암스테르담의 공식적인 명령을 기다리지 않은 채 행동할 수 있는 권한을 부여받음.

1614년 : 얀 피에테르손 코엔은 유럽-아시아 무역 및 아시아-아시아 무역에 대한 VOC의 무자비한 독점권에의 광범위한 전망을 담은 『인도 정세 논고』라는 책을 저술한다. 이 문서는 자유주의적 암스테르담의 의구심에도 불구하고 승인받게 되는데, 그것의 극단적인 정책 결과가 즉시 뚜렷해지지는 않는다.

1619년 : VOC는 자신의 자바섬 운영 본부를 (다수의 외국 세력에 개방된) 반텐에서 (VOC가 지배하는) 바타비아/자야카르타로 옮긴다.

1623년 : 이임하는 코엔은 자신의 부관 헤르만 반 스페울트에게 암본이라는 향신료 섬에 있는 소수의 영국인과 포르투갈인을 학살하라고 지시하는데, 그리하여 VOC와 유럽의 경쟁 세력들 사이에 전쟁 상태를 유지하려는 코엔의 욕망을 기정사실로 만든다.

1625년 : VOC 선단이 개편되는데, 요컨대 재화를 암스테르담으로 되짚어 운송하는 데 필요한 대형 귀국선의 중요도가 약화되고, 오히려 아시아 내부 교역에 더 적절한 소형 선박에 더 집중하게 된다.

1641년 : 마침내 VOC는 여러 번의 실패를 딛고서 북부 말라카해협을 장악한다. 이렇게 해서 VOC는 옛 아랍과 중국의 무역 항로를 함께 연계할 수 있게 된다.

이들 계기 각각은 그것이 미친 영향의 요란함으로 인해 선택되었기보다는(일부 계기들은 떠들썩하게 영향을 미치기도 했지만), 오히려 VOC 생애에서 그것의 비가역성과 그것이 그 기업의 특질을 변화시킨 방식으로 인해 신중하게 선택되었다. 공생으로서의 이들 계기는 1602년과 1790년대에 각각 일어난 그 기업의 탄생 및 죽음과는 다른 종류의 것이다. 그런데 또한, 우리는 그 기업의 성숙과 쇠퇴를 그것의 탄생, 죽음, 그리고 여섯 번의 공생과 구분해야 한다. VOC의 공생은 그 기업이 탄생한 지 40년이 채 지나기도 전인 1641년 무렵에 완결되는데, 이것은 인간이 성숙하는 데 걸릴 것이라고 예상될 시간 틀에 대충 해당한다. VOC가 성숙하고 안정된 형태 — 불가피한 것은 아니었지만 이제는 비가역적인 것 — 에 일단 이르게 되면, 그것은 성숙하고 나중에 쇠퇴한다. 『비유물론』에서 나는 어떤 객체의 성숙이 그것이 이미 이룬 공생들에서 비롯된다고 주장했다. 성숙의 시기에는 일반적으로 한때 뚫을 수 없었던 성장의 장벽이 붕괴하는 사태가 나타나지만, 더는 해당 객체의 공생이 완결됨으로 인해 그러한 것이 아니다. VOC의 경우에는 1669년에 술라웨시라는 섬의 보류된 개방 항구 마카사르를 정복한 주요 사건이 있었는데, 그것은 어렵고 지루한 승리였지만 1641년에 VOC가 성숙해짐에 따라 명백히 예정된 사건이었다. 이 승리의 결과로 VOC는 새로운 단계에 이르지는 않았지만, 자신의 부, 효율성, 그리고 그 지역 바다에 대한 관리권이 증대되었다. 반면에, 어떤 객체의 퇴락 시기는 내가 공생의 과도한 정형화라고 부른 것을 통해서 시작된다.(125~126 [188~189]) VOC는 육두구와 메이스, 정향 같은 독점화하기

가장 좋은 재화에 더욱더 효율적으로 집중함으로써 자신을 이들 재화와 과도하게 동일시하게 되어서 그것들에 대한 수요가 하락함에 따라 그 기업도 자동으로 몰락한다. 1700년대 초에 프랑스인들은 이들 산물을 대체하는 카리브해 지역산 상품을 제공할 것이고, 게다가 그것들에 대한 시장 수요가 어쨌든 하락할 것이기에 VOC는 한 세기에 걸친 쇠퇴기에 접어들게 될 것이다. 한편으로, 영국 동인도회사는 이제 차와 같은 더 인기 있는 각성제들을 확고히 통제하게 된다.

이제 우리는 객체의 공생들과 탄생, 죽음, 성숙, 퇴락을 논의했기에 사회 이론에 있어서 OOO 방법의 열다섯 가지 잠정적인 규칙을 나열할 수 있다.

1. 행위자가 아니라 객체 : 아무것도 자신이 다른 것들과 맺는 현행 또는 잠재적 관계들의 총합으로 환원될 수 없다. 객체는 언제나 잉여인데, 결코 완전히 표현되지 않는다.
2. 유물론이 아니라 비유물론 : 『비유물론』에서 나는 유물론이 사물을 그 구성요소들로 아래로 환원하거나(고전적인 과학적 유물론) 아니면 그 언어적 효과나 문화적 효과로 위로 환원하기(포스트모던 '유물론') 위한 방법이라고 주장한다.
3. 객체는 그것이 맺은 관계보다 그것이 맺지 않은 관계로

더 잘 알게 된다. : 라투르는 고립된 객체를 주변 환경과 충분히 상호작용하지 못한 패자로 여기는 경향이 있지만, OOO는 주변 환경에 초연함으로써 더 큰 자율성을 획득하는 객체의 역사적 중요성의 진가를 평가한다. 1610년에 총독정청이 설치됨으로써 VOC가 이전보다 더욱더 암스테르담으로부터 자유로워진 사태를 생각하라. 또는 1623년에 코엔과 반 스페울트가 교묘히 계획하여 암본에 거주하는 영국과 포르투갈 사람들을 학살한 사건을 생각하라. 이 사건으로 인해 VOC는 유럽의 외교 조약에서 벗어나게 되면서, VOC의 명성에는 심각한 손상을 입히는 대가를 치르지만, 아무 처벌도 받지 않은 채 자신의 경쟁자들에 대한 작전을 수행할 수 있게 되었다.

4. 객체는 그것이 거둔 성공보다 인접한 실패로 더 잘 알게 된다. : ANT는 우리에게 "행위자를 주시하라" – 궁극적으로 사물을 그것이 행하는 것으로 판정함을 뜻한다 – 라고 요청하는 반면에, OOO는 객체의 표현되지 않은 별개의 핵심을 숙고하는 것에 못지않게 객체의 실패로부터 많은 것을 알게 된다고 주장한다. VOC의 경우에, 그 강력하고 사악한 서양 제국주의가 곳곳에서 팽배해 있다는 가정에도 불구하고, 네덜란드인들은 중국과 일본을 단지 미약하게 침략했었을 뿐이라는 두드러진 사실이 존재한다.

5. 사회적 객체를 이해하는 데 필요한 열쇠는 그것의 공생

들을 찾아내는 것이다.: 개인적 정체성이 시간이 흐름에 따라 여전히 안정적인지 아니면 생성을 겪게 되는지에 대한 철학적 논쟁은 걸핏하면 두 가지 극단적인 관점 중 하나로 귀결된다. 한편으로, 인간은 잉태부터 사후까지 본질적으로 변하지 않는 불멸의 영혼이라고 생각하는 사람들이 있다. 다른 한편으로, '나'는 이 맥락에서 저 맥락으로 움직임에 따라 변화하는 정체성의 끊임없는 흐름에 관여하기에 여럿이라고 주장하는 사람들이 있다. 하지만 이들 모형 중 어느 것도 매우 타당하지 않다. 그 이유는 개인적 정체성의 영원성에 대한 강한 종교적 신념을 품은 사람들도 유아로서의 나폴레옹과 프랑스 혁명기의 나폴레옹, 예나Jena 전투에 승리한 이후의 나폴레옹이 동일한 존재자임에도 불구하고 꽤 다른 세 가지 나폴레옹임을 인정해야 할 것이기 때문이다. 더욱이, 인간이 매 순간에 끊임없는 흐름 속에 처해 있다고 주장하는 사람들은 사소한 사건과 전환적 사건을 적절히 구분하지 못하는 ANT의 그릇된 관점에 빠지게 될 것이다. 객체의 생애에서 공생의 국면들을 찾아냄으로써 우리는 과도한 전기적 자료의 백색소음을 객체의 주요한 특질들과 그 변화들이 뚜렷해지는 소수의 전환으로 환원할 수 있게 된다.

6. 공생은 객체의 생애에서 비교적 일찍 발생할 것이다.: 이 규칙은 물리적 노화 과정과 관련된 '생물학적' 이유에서

기인하는 것이 아니라, 객체의 가장 중요한 연결관계는 비가역적인 것이 되는 경향이 있으므로 중요하고 참신한 연결관계를 형성할 수 있는 객체의 능력이 약화되기 때문이라는 단순한 이유에서 기인한다. 『비유물론』에서 내가 서술하는 대로, 공생은 "선택지의 공간이 축소되기에 충분할 만큼 객체를 경로 의존적으로 만드는 경향이 있다. 1641년 이후에는 VOC가 어떤 향신료들에 대한 독점권을 요구하는 상업과 매우 강하게 연계되고, 지속적인 배당금을 기대하는 주주들에게 크게 의지하게 되며, 적과 경쟁자들로 둘러싸이게 됨으로써 VOC의 사업모형에서 근본적인 변화는 더는 가능하지 않을 것이다."(118~9 [182]) 개인의 생애와 관련된 일례는 직업의 선택일 것이다. 어쩌면 그 선택이 초년 시절에 우발적으로 이루어진 것일지라도, 나이가 듦에 따라 자신의 직업을 바꾸는 것은 점점 더 어려워지게 된다.

7. 공생은 객체의 특질이 일단 확립되면 무한정 유연하지는 않다. : 이 규칙은 이미 진술된 것에서 당연히 도출된다. 공생은 비가역적인 것이 되는 경향이 있기에 객체의 생애에서 공간을 점유함으로써 다른 가능한 공생이 더는 가능하지 않게 된다. 네덜란드 동인도회사에 대해서 "나는 1623년을 VOC의 귀환 불능 한계점으로 여기고 싶다. 암본에서 영국인들을 학살한 이후에는 그 기업의 최대주의

적 프로그램이 더는 철회될 수 없었는데, 이제 VOC는 유럽인들과 아시아인들에게 공히 적대적인 강력한 독점에 전력을 기울이게 된다."(119 [182])

8. 공생은 강한 유대로 성숙하는 약한 유대다. : 약한 유대와 강한 유대에 대한 준거는 사회학자 마크 그래노베터가 이 주제에 관해 수행하여 검증된 연구다.[11] 그 이론의 가장 친숙한 형식에서, 긴밀한 인간관계는 충성심과 정서적 지원을 제공하면서도 일상적인 지인들과의 느슨한 관계보다 참신한 기회를 더 적게 제공한다. 연결관계가 이미 포화 상태에 가까워진 자신의 강한 유대 집단보다 더 느슨한 집단에서 새로운 연인이나 경력 전환의 기회를 찾아낼 개연성이 더 크다. 역설적으로, 우리의 약한 유대 중 가장 중요한 것은 강한 유대로 성숙하는 경향이 있는데, 이것은 우리에게 보상을 가져다주면서도 우리가 이 새로운 유대에 지나치게 의존하게 하는 과정이다. 『비유물론』에서 내가 서술하는 대로, "실험적이고 모험적인 공생으로 시작하는 것이 결국에는 객체의 바로 그 생을 위태로운 지경에 이르게 하는 지나치게 의존적인 결속이 된다. 일단 향신료가 인기를 잃거나 카리브해의 프랑스 식민지로 확산

11. Mark S. Granovetter, "The Strength of Weak Ties," *American Journal of Sociology*, pp. 1360~80.

하면, VOC가 향신료 제도와 맺은 강한 유대는 VOC를 약화하는 경로 의존적인 부담이 된다."(120 [183])

9. 공생은 비호혜적이다. : 이 규칙은 모든 공생이 쌍방적으로 작용하는 것은 아니라는 다소 명백한 논점(강한 상대주의적 철학들은 그 점을 보지 못하는 것처럼 보이지만)이다. 많은 경우에, 결혼은 두 당사자 모두를 비가역적이고 '삶을 변화시키는' 공생에 처하게 한다. 예일 대학교와 2016년의 신입생 집단 사이의 관계는 그렇지 않다. 대다수 학생은 이 저명한 대학과 영구적인 공생을 형성할 법하지만, 오직 소수의 예일 졸업생만이 그 대학의 특질을 새로운 단계로 이행할 수 있을 것이다. 나는 카이로에서 살아가는 동안 이런 영향을 느꼈는데, 요컨대 카이로는 나를 영원히 변화시킨 장소이지만 나는 카이로에 거의 영향을 미치지 않았던 것 같다.

10. 공생은 비대칭적이다. : 호혜성은 두 객체 사이의 영향이 상호적인지와 관련이 있는 반면에, 비/대칭성은 두 객체의 성질들이 상호작용하는 직서적 연결관계(대칭성)인지 아니면, 비유와 마찬가지로, 이쪽의 성질과 저쪽의 객체 사이에 맺어지는 관계(비대칭성)인지에 관한 문제임을 떠올리게 된다. 하지만 비유는 언어 영역을 넘어서 객체들 자체의 성질과 관계로 이행하는 것으로 여겨져야 한다. 예를 들면, 코엔이 VOC의 미래에 관한 악명 높은 논고를 저술

하고, 그 논고가 채택되지만 아직 완전히 연출되지는 않을 때, 그 상황은 비유적이다. "VOC는 코엔의 『인도 정세 논고』와 같다." 그 객체에 대한 새롭고 그늘진 미래가 제시되었는데, 그 미래는 약속뿐만 아니라 위험도 가득 차 있었다. VOC는 그것이 갖추도록 권고받는 성질들을 갖추고 있는 동시에 갖추고 있지 않다. 30년 전쟁이 발발함으로써 확연해지는 영국-네덜란드 휴전협정의 긴박한 현실로 인해 그 논고 자체가 수정되었다면 그 역의 표현도 성립할 것이다. 그런 경우에, VOC 자체가 더 호전적인 논고-성질들에 의해 수정되기보다는 오히려 객체로서의 그 논고가 휴전협정-성질들에 의해 수정되었을 것이다.

11. 사건으로서의 객체는 객체로서의 객체의 메아리다. : 자신의 초점을 객체에서 사건으로 전환하는 것이 오늘날 철학자들에게 여전히 유행하고 있지만, 어떤 사건도 그 사건에 관여하는 객체들이 그 사건을 일으킬 수 없다면 전혀 일어날 수 없다. 그리고 사건은 그 사건이 끌어들이는 객체들보다 종종 더 요란하지만, 이런 요란함은 흔히 그 객체들의 메아리일 뿐이다. 1623년에 암본에서 영국과 포르투갈 사람들이 학살된 사건을 고려하면, 우리는 이 사건이 1614년에 코엔이 저술한 논고의 메아리일 뿐임을 깨닫게 된다.

12. 객체의 탄생은 호혜적이면서 대칭적이다. : 새로운 객체

는 그것을 구성하는 별개의 요소들이 직서적으로 연결됨으로써 태어난다. 1602년에는 다수의 네덜란드 무역회사가 향신료 가격을 끌어내릴 파괴적 경쟁을 피하도록 단일한 기업으로 강제 통합되었다. 2차 세계대전 이후에는 주권국들이 연합하여 새로운 국제연합을 결성하였고, 그리고 1992년에는 마스트리히트 조약을 통해서 유럽연합이 탄생했다. 그런 새로운 객체들은 흔히 초기 단계에 실망을 초래하지만, 그 객체들이 이전에 따로 떨어져 있던 존재자들의 직서적 조합일 뿐이라는 점을 참작하면, 이런 일은 거의 놀랍지 않다. 새로운 객체의 공생이 그것의 탄생보다 더 흥미로운데, 그 이유는 공생이 더 흥미로운 역사를 개시하는 비대칭적 관계나 비유적 관계를 수반하기 때문이다. 공생 없이 부분들의 직서적 조합으로 남아 있는 새로운 객체는 공허한 구성체가 될 수밖에 없다.

13. 객체의 죽음은 그것이 맺은 유대가 지나치게 강한 데서 기인한다. : 느슨한 비유적 유대가 더 견실하고 강한 유대로 굳어짐에 따라 객체는 자신이 결부된 타자들의 운명에 지나치게 의존하게 된다. 디트로이트는 자동차 도시로서 황금시대를 누리지만, 1970년대에 미합중국 자동차 산업이 일본의 그것으로 대체되면서 텅 빈 도시로 붕괴한다. VOC는 주로 육두구와 메이스, 정향의 기업인데, 17세기에는 올바른 입지에 있지만 18세기에는 잘못된 입지에 있

게 된다.

14. 객체의 성숙은 그것의 공생이 팽창하는 데서 비롯된다. : VOC는 1641년에 성숙한 형태에 이르게 되는데, 이것은 또한 자신의 한계를 인식함을 뜻한다. 중국과 일본을 지배하려는 오랜 욕망은 이제 사라져 버린다. 오스트레일리아와 뉴질랜드는 탐사하거나 정주할 가치가 없는 것처럼 보인다. 이제 VOC의 성숙한 시절의 기본 틀은 이미 형성되었기에 VOC는 자신의 사업을 더 효율적으로 운영할 수 있고 자신의 지역적 권력에 대한 저항 지대를 소탕할 수 있다. 마찬가지로, 누군가가 직업을 선택하고 자신의 개인적 삶이 안정되고 특정한 도시와 심지어 주택에 정착하게 되면, 그 사람은 이들 공생을 더 큰 안정과 영향력을 확보하기 위한 지렛대로 사용함으로써 성숙한다.

15. 객체의 퇴락은 그 공생들의 정형화에서 비롯된다. : 앞서 규칙 13에서 알게 되었듯이, VOC는 육두구와 메이스, 정향의 판에 박힌 틀에 영구적으로 갇힘으로써 이들 종에 지나치게 묶이게 된다. 그 기업의 퇴락을 초래하는 지나치게 강한 애착은 또한 1790년대에 그 기업을 죽음으로 이끌게 된다.

3. 결론 : 퇴락의 전기적 뿌리

2절의 서두에서 나는 『비유물론』에 대하여 라투르가 주로 반대한 점은 그가 퇴락의 '생물학적' 비유로 여긴 것이었다고 언급했다. 라투르는, 퇴락이 살아 있는 유기체의 신진대사적 쇠퇴를 주로 가리키기에 객체의 흥망에 대한 완전히 부적절한 비유라고 불평하는 것처럼 보인다. 사실상, 그는 내게 그 비유는 그저 부적절할 뿐만 아니라 "쓸모도 없다"고 말했다. 하지만 내게는 탄생과 성숙, 퇴락, 죽음이라는 관념들이 생물학적 기초보다 더 깊은 기초를 갖추고 있는 것처럼 보이는데, 요컨대 생물학적 죽음이 전기적 죽음과 어떤 연관성을 가질 수도 있을 정도까지 말이다. 이를테면 사랑에 꺾이거나 직업적으로 꺾여 버린 '망가진 사람'이라는 잘 알려진 현상에서 나타나듯이, 그 결과로 그의 생물학적 과정은 급락한다.

앞서 살펴본 규칙 15는 객체의 퇴락은 그 공생들의 정형화에서 비롯된다고 말한다. ANT는, 생물학적 원리를 비생물학적 맥락으로 부당하게 수입한 행위에 맞서는 자신의 용감한 입장 때문에 이 원리를 거부한다고 말할 것이다. 오히려 나는, ANT가 퇴락에 관한 이 관념 — '공생의 정형화' — 을 거부하는 이유는 단순히 그 이론이 정형화가 무엇을 뜻하는지 또는 공생이 무엇을 뜻하는지 이해할 수 없기 때문이라고 말할 것이다. 그리고 둘 다 생물학적 현상이기 이전에 전기적 현상이다. 전기적 맥락에서 정형성은 많은 것을 공유하는 객체들 – 흔히 가족 구성원들이나 예외적으로 친밀한 친구들 – 이 형성하는 "강한 유대"에 관한 그래노베터의 개념에 의거하여 가장 잘 이해될 수 있다. 그리하여 바로 약한 전기적 유대가, 바다와 포도주의 짙음 사이의 약하지만 강력한 연계 같은 비유의 조건에 접근하는 모호하거나 암시적인 연결관계를 통해서, 우리를 퇴락으로부터 보호해 준다. 하지만 ANT는 이런 상황과 관련하여 아무것도 할 수 없는데, 그 이유는 ANT의 경우에 모든 유대가 직서적이고 강하기에 이들 유대와 관련된 행위자들의 특질이 철저히 바뀌기 때문이다. 또한, ANT는 공생, 즉 어떤 객체의 역사에서 불연속적인 전진을 특징짓는 그 객체와 또 다른 객체의 성질들 사이에 맺어진 비유적 유대에 대해서도 아무 소용이 없다. ANT가 우리에게 객체를 주시하라고 요청한다면, OOO는 한 객체가 다른 한 객체의 성질들과 약한 유대를 형성할 때의 국면들을 주시하라고 제안한다.

부록

1. 전기적 의미에서의 퇴락 : 행위자-네트워크 이론에서 거리두기

2. 망각의 차가움 : 철학, 고고학, 그리고 역사에서의 객체지향 존재론[1]

『비유물론』에서 나는 객체지향 존재론OOO을 사회 이론에 적용하는 방식을 전개하려고 시도했다.[2] 그 책에서 사용된 사례는 네덜란드 동인도회사였는데, 그 기업은 VOC라는 네덜란드어 축약어로 흔히 지칭된다. 최근의 한 논문에서 고고학자 포라 페투르스도티르와 비요나르 올센은 VOC에 대한 나의 분석에 관해 다룰 가치가 있는 쟁점을 제기했는데, 그 이유는 그 쟁점이 내 작업의 주요 주제들과 관련이 있기 때문이다.[3] 그들의 비판을 훨씬 더 흥미롭게 만드는 것은 나의 OOO 동료인 레비 R. 브라이언트의 블로그 글이 그 비판을 간접적으로 뒷받침한다는 점이다. 다양한 미덕을 갖추고 있는 브라이언트는 인터넷이 탄생한 이후로 가장 실질적인 온라인 철학자로 지금까지 종종 불렸다. 포라 페투르스도티르와 비요나르 올센이 인용한 블로그 글에서 브라이언트는 내 작업에서 나타난 사례들의 선택에 관해 성찰하는데, "하먼의 경우는 어떠한가? 하먼이 선호하는 사례들은 불, 면화, 그리고 망치다. 이런 원형적 사례들이 객

1. [옮긴이] 이 논문은 Graham Harman, "The Coldness of Forgetting : OOO in Philosophy, Archaeology, and History," *Open Philosophy*, vol. 2, 2019, pp. 270~9를 옮긴 것이다.
2. Graham Harman, *Immaterialism*. [그레이엄 하먼, 『비유물론』.]
3. Þora Pétursdóttirr and Olsen Bjørnar, "Theory Adrift : The Matter of Archaeological Theorizing," *Journal of Social Archaeology*, vol. 18, no. 1, 2018, pp. 97~117.

체에 관한 그의 구상 전체를 어떻게 특징지을 것인가? 만약에 꽃 또는 파도 또는 공장을 선택한다면 그 이론은 달라질 것인가?"[4]

그런데 브라이언트는 내가 하필이면 그런 사례들을 선택한 사태가 철학에 미치는 영향에 관해 숙고할 뿐인 것처럼 보이는데, 요컨대 그는 내가 특정한 방향으로 내 분석을 조작하려는 전략적인 잔꾀를 품고서 그 사례들을 선택했다고 시사하지는 않는다. 브라이언트는 내가 "불, 면화, 그리고 망치"를 자주 거론한다고 구체적으로 언급한다. 내 저작에서 이들 사례가 특별히 자주 언급되는 이유를 설명하기는 상당히 쉽다. "불과 면화"는 초기 이슬람의 기회원인론적 사상을 가리키는데, 여기서 면화를 태우는 불의 사례는 사실상 오직 신만이 면화를 태운다고 주장하는 데 흔히 사용되었고, 불과 면화의 어떤 직접적인 접촉도 신의 개입을 위한 구실로만 이용되었을 뿐이다. 나는 이 사례를 자주 사용함으로써 내 초기 경력의 기반을 제공한 카이로에 지적으로 진 신세를 기입하고자 했다. 그보다 훨씬 더 전에 내가 자주 사용한 사례로서 "망치"의 경우에, 브라이언트가 알고 있듯

4. Levi R. Bryant, "Examples," *Larval Subjects* blog, July 27, 2016. https://larvalsubjects.wordpress.com/2016/07/27/examples/에서 입수할 수 있음 (2019년 3월 12일에 접속함); Pétursdóttirr and Olsen, "Theory Adrift," p. 100.

이, 이 사례는 마르틴 하이데거에 관한 나의 박사학위 논문에서 비롯되는데, 하이데거는 일찍이 『존재와 시간』의 전시 사례를 통해서 망치와 부러진 망치를 철학자들에게 유명하게 만든 인물이다.[5] 네덜란드 동인도회사의 사례 – 브라이언트는 자신의 블로그 글에서 언급하지 않았지만, 페투르스도티르와 올센과는 직접적으로 관련된 사례 – 에 대해서, 『비유물론』에서 나는 이 사례가 선택된 이유는 라이프니츠가 얀센주의 신학자 앙투안 아르노와 주고받은 유명한 서신에서 VOC를 비웃었기 때문이라고 설명했다.[6]

그러나 내 사례들이 무작위적으로 선택되었든, 정황적으로 선택되었든, 일탈적인 개인적 결정으로 선택되었든 간에, 브라이언트의 물음은 좋은 물음인데, 어떤 철학자의 사례 선택이 특수한 경우에 속하는 특정한 특질들에 따라 어떤 이론을 과잉결정하는가? 가장 넓은 형태로서의 이 물음은 이 논문의 범위를 훌쩍 넘어선다. 여기서 우리 목적에 더

---

5. Martin Heidegger, *Being and Time*, trans. John Macquarrie and Edward Robinson, New York, Harper, 1962 [마르틴 하이데거, 『존재와 시간』, 이기상 옮김, 까치, 1998]; Graham Harman, *Tool-Being*; Graham Harman, "Heidegger on Objects and Things," in *Making Things Public: Atmospheres of Democracy*, ed. by Bruno Latour and Peter Weibel, Cambridge, MIT Press, 2005, pp. 268~71; Graham Harman, "Technology, Objects and Things in Heidegger," *Cambridge Journal of Economics*, vol. 34, no. 1, 2010, pp. 17~25.
6. Graham Harman, *Immaterialism*, pp. 36~7 [그레이엄 하먼, 『비유물론』, 88~89쪽]; G. W. Leibniz, *Philosophical Essays*, p. 89.

알맞은 것은 페투르스도티르와 올센이 고고학자로서 관여하는 특정한 사례인데, 그것은 다음과 같이 표명된다.

> 하먼은…자신의 철학에 중심적인 관념과 개념들을 개괄하기 위해 17세기 네덜란드 동인도회사(VOC)를 객체의 일례로서 사용한다. 하먼은 VOC와 그 운영 시기(1612~1795) 동안 기록된 전개에 관한 전적으로 역사적인 연구에 바탕을 두고서 한 객체 이론, 즉 〔하나의〕 OOO 방법론을 구성하는데, 요컨대 그 이론은 모든 객체에 관한 연구와 일반적으로 관련되어 있다고 주장한다.[7]

우리는 무언가 빠져 있다고 하는 불평이 곧 제기될 듯한 기미를 이미 감지할 수 있는데, 그 저자들은 재빨리 그것을 표명한다.

> 난파선과 침몰선, 배수된 밸러스트, 황폐한 항구, 분산된 재화, 버려진 요새도 명백히 포함하는, VOC에 대한 고고학적 접근은 〔하먼의〕 이론에 어떤 영향을 미쳤을까? VOC의 이들 실물적인 구성요소에 대한 관심, 폐기되고 버려진 사물

7. Pétursdóttirr and Olsen, "Theory Adrift," *Journal of Social Archaeology*, pp. 100~1.

> 들에 대한 관심은 객체와 객체의 이력에 관한 다소 다른 구상, 즉 잘 작동했고 네트워크를 이루었던 '사회적' VOC에 관해 작성된 기록에 바탕을 둔 구상을 낳지 않았을까?[8]

이 구절에서 그들이 "사회적"이라는 낱말에 따옴표를 사용한 취지는 그 논문의 첫 번째 미주와 공명하는데, 그것은 내가 '사회적 객체'라는 용어로 의미하는 바를 여타 종류와 대립적인 것으로 규정하지 않는 것에 대한 과제를 내게 안긴다. 내 이해가 올바르다면 그들은,『비유물론』에서 설명되지 않은,'사회적' 객체에 대한 준거가 VOC의 "기록된" 전개에 관한 "전적으로 역사적인 연구"와 관련되어 있고, 게다가 이것은 그들이 제시하는 대안적인 고고학적 접근법과 아무튼 어긋남을 뜻하고 있다.[9] 한 가지 점에서 페투르스도티르와 올센은 옳은데, 요컨대『비유물론』은 역사적 사료의 도움을 받아서 저술되었으며, 그리고 불행하게도 나는 그 책에서 중요한 역할을 하는 인도네시아, 말레이시아, 또는 여타 장소를 결코 방문한 적이 없다. 나는 암스테르담에 있

8. 같은 글, p. 101.

9. 고고학에서 이 쟁점이 기능하는 방식에 관한 후속 배경에 대해서는 Timothy Webmoor and Christopher L. Witmore, "Things Are Us! A Commentary on Human/Things Relations Under the Banner of a 'Social' Archaeology," *Norwegian Archaeology Review*, vol. 41, no. 1, 2008, pp. 53~70을 보라.

는 박물관에서 VOC와 관련된 수많은 객체를 살펴보았지만, 그 밖에도 현존하는 수많은 물리적 인공물을 고찰함으로써 그리고 당시에는 내게 충분한 재원이 없었기에 시도할 수 없었던 남아시아로의 장기적인 현지조사를 실행함으로써 그 책은 풍성해질 수 있었을 것이다.

그런데도 내게는, 페트루르스도티르와 올센이 역사는 문서와 관련시키고 고고학은 파괴되거나 버려진 객체와 관련시키는 점에서 전적으로 옳지는 않은 것처럼 보인다. 그 대신에 나는 역사와 고고학의 차이는 고밀도 정보와 저밀도 정보의 차이라고 주장할 것인데, 여기서 '정보'는, 마셜 매클루언의 관점에 따라, 매체의 은폐된 배경 구조에 대립하는 것으로서 매체의 가시적인 내용으로 규정된다.[10] 이런 이유로 인해, 『비유물론』에서 내가 대부분의 역사적 세부를 고려하지 않으면서 VOC를 그런 것으로 만든 대여섯 가지의 '공생'을 판별함으로써 VOC를 해석하고자 한 시도는 VOC의 역사보다 VOC의 고고학에 상당히 더 가깝다.[11]

사실상, 올해 초에 나는 페트루르스도티르와 올센이 제기한 우려와 직접적으로 관련된 「거대객체와 선사」라는 제목의 논문을 발표했다.[12] 간단히 요약하면, 그 논문은 티모시

---

10. Marshall McLuhan and Eric McLuhan, *Laws of Media: The New Science*, Toronto, University of Toronto Press, 1992.
11. Lynn Margulis, *Symbiotic Planet*. [린 마굴리스, 『공생자 행성』.]

모튼의 "거대객체" — 인간 규모와 대비하여 시공간적으로 광범위하게 분산된 객체 — 라는 개념을 사용하여 역사와 고고학의 차이를 다시 고찰한다.[13] 그 논문에 제시된 나의 발견 결과 중 하나는, 고고학이 잘 보존된 문서를 다루기보다는 오히려 객체들의 파괴된 파편을 다루려는 경향은 본질적이라기보다는 징후적이라는 것이다. 파편적 증거에 대한 이런 의지는 역사와 대비하여 고고학의 약점으로 종종 여겨지지만, 한 가지 중요한 측면에서 그것은 고고학의 두드러진 강점으로 여겨져야 한다. 다시 말해서, 고고학자가 전형적으로 입수할 수 있는 정보가 역사학자보다 더 한정되어 있다는 사실로 인해 고고학자는 마셜 매클루언이 "차가운 매체"라고 부르는 것, 즉 자료가 비교적 한정된 상황을 마주하게 된다.[14] 역사가 — 또는 저널리스트 — 는 1990년대 초에 수행된 콜롬비아 마약왕 파블로 에스코바르의 체포 작전 같은 최근 사태에 관한 세부 내용의 대부분을 말해줄 수 있는 반면에, 고고학자는 불과 바퀴, 빵, 유리, 길들인 개가 출

---

12. Graham Harman, "Hyperobjects and Prehistory," in *Time and History in Prehistory*, ed. Stella Souvatzi, Adnan Baysal, and Emma L. Baysal, London, Routledge, 2019, pp. 195~209.
13. Timothy Morton, *Hyperobjects : Philosophy and Ecology After the End of the World*, Minneapolis, University of Minnesota Press, 2013.
14. Marshall McLuhan, *Understanding Media : The Extensions of Man*, Cambridge, MIT Press, 1994. [마셜 매클루언, 『미디어의 이해 : 인간의 확장』, 김상호 옮김, 커뮤니케이션북스, 2011.]

현한 상대적인 순서에 관해 매우 일반적인 진술을 제시하게 흔히 내버려 두는 것이 확실히 참이지만, 어떤 중요한 의미에서 이 상황은 고고학에 유리하게 작동한다.[15] 그 이유는 이렇게 해서 고고학은 철학과 예술 편에 서게 되기 때문인데, 그것들은 역사가라면 익사하지 않도록 주의해야 하는 때때로 무의미한 세부와 대립하는 존재의 일반적인 배경 조건에 대한 관심을 공유한다.

그리하여 나는, 역사와 고고학의 차이는 문서와 유적의 각기 다른 특질과 관련된 것이라기보다는 한편으로 현실태에 대한 상세한 해설과 다른 한편으로 느리게 변화하는 일반 조건 사이의 대조와 관련된 것이라고 주장한다. 이 논문의 경우에 더 중요한 것은 그 역의 주장을 진술할 수 있다는 점인데, 요컨대 어떤 상황의 느리게 변화하는 일반 조건에 관한 모든 탐구는 특질에 있어서 자체적으로 역사적이라기보다는 오히려 고고학적이다. 하지만 OOO가 마굴리스의 공생 이론을 사용하여 VOC의 일반적으로 전개되는 역사적 세부를 그 객체에 특별히 중요한 대략 여섯 가지에 불과한 국면으로 '냉각'하는 경우에 이미 그러하지 않는가? 바로 이런 이유로 인해 『비유물론』에서 나는 그 책이 '역사' 책이

15. Mark Bowden, *Killing Pablo : The hunt for the world's greatest outlaw*, New York, Grove Press, 2015.

기를 열망한다는 것을 명시적으로 부인했고, 오히려 그 책을 '존재론' 책으로 부르기를 선호했다.[16] 심지어 나는, 미셸 푸코가 OOO의 철학자들과 무관한 목적을 위해서 그 용어 시장을 철학자들 사이에서 이미 독점하지 않았다면, 그 책을 '고고학' 책으로 불렀을지도 모른다.[17]

이어지는 글에서 나는 세 단계로 나아갈 것인데, 각 단계가 독자적인 절의 주제가 된다. 첫째, 나는 뜨거운 매체와 차가운 매체라는 매클루언의 개념을 간략히 요약할 것이다. 둘째, 나는 이들 관념과 아리스토텔레스의 『자연학』 및 『형이상학』의 주요 주제들 사이의 놀라운 연계를 보여줄 것이고, 게다가 『비유물론』의 논증에 대한 이 화제의 적실성을 보여줄 것이다. 셋째 그리고 마지막으로, 나는 한정된 분과학문적 의미에서의 고고학의 경계를 넘어서는 고고학적 냉각 — 또는 망각 — 을 옹호하는 논변을 펼칠 것이다.

1. 뜨거운 매체와 차가운 매체

위대한 캐나다인 매체 이론가 마셜 매클루언이 지성계

16. Graham Harman, *Immaterialism*, pp. 39~40. [그레이엄 하먼, 『비유물론』, 91~92쪽.]

17. Michel Foucault, *The Archaeology of Knowledge and The Discourse on Language*, trans. A.M. Sheridan Smith, New York, Pantheon Books, 1972. [미셸 푸코, 『지식의 고고학』, 이정우 옮김, 민음사, 2000.]

에서 한결같이 찬양받는 것은 아니다. 나 자신을 비롯하여 일부 독자들은 매클루언을 20세기의 비범한 인물 중 한 사람으로 여기지만, 그를 한낱 전문가에 불과하다고 여기거나 아무튼 심각하지 않은 인물로 여기기를 고집하는 사람들도 있다.[18] 여기서 이 특수한 전투를 벌일 필요는 없다. 나는 단지 대부분 제쳐놓고 고려되지 않는 매클루언의 관념 중 하나가 그가 "뜨거운" 매체라고 부르는 것과 "차가운" 매체라고 부르는 것 사이의 구분이라고 덧붙이고 싶을 뿐이다. 『미디어의 이해』의 서두에 나오는 장들에서 이미, 뜨거운 매체는 정보 밀도가 높은 매체이고, 한편으로 차가운 매체는 한정된 정보를 제공하므로 부족한 정보를 스스로 메꾸어야 하는 사용자에게 최면 효과를 미침을 알게 된다. 매클루언의 표준 사례는 라디오(뜨거운 매체)와 텔레비전(차가운 매체)의 차이다.

매클루언이 다양한 매체를 본질적으로 뜨거운 매체 아니면 차가운 매체로 평가함으로써 어떤 매체도 가열될 수 있다는 자신의 중요한 주장을 거스른다는 점은 지금까지 충분히 인식되지 않았다.[19] 사실상, 매클루언은 이것을 역사

---

18. Graham Harman, "The McLuhans and Metaphysics," *New Waves in Philosophy of Technology*, eds. Jan-Kyrre Berg Olsen, Evan Selinger, and S. Riis, London, Palgrave, 2009, pp. 100~22.
19. Graham Harman, "Some Paradoxes of McLuhan's Tetrad," *Umbr(a)*, no. 1, 2012, pp. 77~95.

의 가장 중요한 메커니즘 중 하나로 여기는데, 매체는 더 많은 정보로 가득 참에 따라 더 뜨거워지고, 궁극적으로 그 매체는 과열되면서 자신과 정반대의 것으로 반전하는 결과를 낳는다. 한 가지 유용한 사례는, 자동차가 처음에는 더 빠른 속도와 효율성을 약속하는 매체로 도입되지만, 궁극적으로는 때때로 격렬한 총격전을 일으키는 원인 – 적어도 오늘날의 미합중국에서는 – 도 되는 교통 혼잡과 보험료, 비싼 주차비의 불편한 부담으로 반전한다는 것이다. 『미디어의 이해』의 서두에서 이미 반전이라는 관념이 두드러지게 다루어지더라도, 그 관념은 사후에 출판된 『매체의 법칙』이라는 책에서 성숙한 형태에 이르게 되는데, 그 책에서 그것은 매체의 "테트라드"tetrad 구조의 사四극 중 하나로 다루어진다.[20] 이 구조에 따르면, 어떤 매체도 경험의 한 양태를 고양하면서 다른 한 양태를 폐기하고, 게다가 더 오래된 매체를 자신의 내용으로 회복시키면서 정반대의 것으로 반전한다. 반전reversal과 회복retrieval은 둘 다 문자 'r'로 시작하므로 첫 문자로 표현했을 때 구분할 수 없기에 이제 고인이 된 에릭Eric 매클루언은 reversal 대신에 'flip'이라는 용어를 사용하는 경향이 점점 더 강해졌다. 그리하여 매클루언

---

20. McLuhan and McLuhan, *Laws of Media*; Graham Harman, "The Tetrad and Phenomenology," *Explorations in Media Ecology*, vol. 6, no. 3, 2007, pp. 189~96.

부자가 수천 가지의 다른 매체 사례에 대해서 계속해서 생산하곤 했던 약식의 테트라드 도표에서 그 용어를 'f'로 축약하였다.

일반적으로 매클루언 부자는 뜨거운 매체와 차가운 매체를 비위계적인 방식으로 다룰 뿐만 아니라, 가열 역시 어떤 매체이든 간에 그 매체를 궁극적으로 정반대의 매체로 반전시키는 사건을 유발하는 데 중요한 역할을 수행하는 것으로 다룬다. 그런데도 뜨거운 매체보다 차가운 매체라는 용어가 그 부자에게 더 선호되는 것처럼 느껴진다. 예를 들면, 『매체의 법칙』에서 매클루언 부자의 빈번한 과녁 중 하나는 변증법이 그 오랜 동료인 문법과 수사법보다 우위에 있는 근대의 불행한 사태다. 그 차이를 설명하는 가장 쉬운 길은, 매클루언 부자에게 변증법은 주어진 상황의 내용에 사로잡혀 있는 반면에, 문법과 수사법 — 그들이 결코 충분히 구분하지 않는 것들 — 은 그 상황의 숨은 배경 조건과 더 관련되어 있다는 것이다. 매클루언의 가장 무심한 독자조차도 떠올릴 것처럼, 그가 보기에 매체의 비밀을 품고 있는 것은 바로 그 숨은 배경이다. "매체가 메시지다"라는 매클루언의 유명한 구호는 무엇보다도 매체의 내용이 매체 자체의 구조에 비해서 사소함을 뜻한다. 많은 중요한 관념의 경우와 마찬가지로, 그런 관념을 공표한 사람은 매클루언 혼자만이 아니다.[21] 하이데거의 철학 전체가 '존재론적인'ontological

것(언제나 숨어 있는 우리 배경으로서의 존재)이 '존재자적인'ontic 것(개별 존재자들의 표면-세계)보다 훨씬 더 중요하다는 점에 달려 있다.[22] 시각예술의 경우에는 유명한 비평가 클레멘트 그린버그가 그 자신의 최대의 적인 아카데믹 미술은 "자신의 매체를 자각하지 못하는 미술"이라는 상당히 매클루언적인 주장을 제기한다.[23] 이런 경향에 맞서서, 그린버그가 칸딘스키의 비뚤어진 추상주의적 독단이라고 여기는 것을 쫓기보다는 오히려 피카소와 브라크Braque의 분석 큐비즘의 영광스러운 길을 쫓을 수 있으려면, 전위 회화는 자신의 매체 – 평평한 배경 캔버스 – 를 확고히 자각해야 한다.[24] 어쨌든, 매클루언과 하이데거, 그린버그가 명시적인 표면 모습보다 배경 매체에 주의를 기울인 점은 상황의 내용에 일반적으로 집중되는 고양된 주의의 중요한 냉각을 나타낸다.

2. 뜨거운 연속성과 차가운 이산성

---

21. Graham Harman, "The Revenge of the Surface : Heidegger, McLuhan, Greenberg," *Paletten*, issue 291/292, 2013, pp. 66~73.
22. Martin Heidegger, *Being and Time*. [마르틴 하이데거, 『존재와 시간』.]
23. Clement Greenberg, *Late Writings*, Minneapolis, University of Minnesota Press, 2003.
24. Clement Greenberg, *The Collected Essays and Criticism, Volume 2 : Arrogant Purpose, 1945-1949*, ed. John O'Brien, Chicago, University of Chicago Press, 1988, p. 5.

인간 사유의 거의 모든 곳에서 되풀이되어 나타나는 대립 중 하나는 연속적인 것과 이산적인 것의 대립이다. 대다수 지식인은, 진화가 찰스 다윈의 경우처럼 점진적으로 일어나는지, 아니면 마굴리스의 작업에서처럼 갑작스러운 도약으로 이루어지는지, 아니면 "단속평형"에 관한 나일스 엘드리지와 스티븐 제이 굴드의 작업에서처럼 다른 이유로 일어나는지를 둘러싼 논쟁에 적어도 약간은 친숙하다.[25] 또 하나의 잘 알려진 사례는 양자론과 상대성 이론의 지속적인 깊은 양립 불가능성인데, 양자론은 이산적인 단위체들로 구성된 것으로서의 자연에 관한 이론이고, 상대성 이론은 아인슈타인이 중력의 본성으로 규명한 시공간의 연속적이지만 가변적인 구부러짐에 관한 이론이다.[26] 이 문제의 양쪽을 똑같이 고찰한 최초의 인물은 아리스토텔레스임이 확실한데, 그의 『자연학』은 시간과 공간, 변화, 수를 실재적인 개별 부분들로 이루어지지 않은 연속체로 다루지만, 그의 『형이상학』은 개별 실체들을 연속적으로 버무려진 것이 아니

25. Charles Darwin, *On the Origin of Species: By Means of Natural Selection*, New York, Dover, 2006 [찰스 로버트 다윈, 『종의 기원』, 장대익 옮김, 사이언스북스, 2019]; Margulis, *Symbiotic Planet* [마굴리스, 『공생자 행성』]; Niles Eldredge and Stephen Jay Gould, "Punctuated Equilibria," *Models in Paleobiology*, pp. 82~115.

26. Lee Smolin, *Three Roads to Quantum Gravity*, New York, Basic Books, 2008. [리 스몰린, 『양자 중력의 세 가지 길』, 김낙우 옮김, 사이언스북스, 2007.]

라 서로 간극을 두고 분리된 이산적인 단위체로 다룬다.[27] 최근의 철학에서는 개별 존재자들을 비롯한 모든 것이 연속적이라고 여기려는 더 급진적인 노력이 나타났는데, 여기서 개별 존재자는 더 원초적인 전체에서 부서져 나온 한낱 파편에 불과한 것으로 다루어진다. 이 경향을 이끈 한 선조는 앙리 베르그송인데, 그의 중요한 후예는 질 들뢰즈와 질베르 시몽동, 그리고 현재 미합중국의 제인 베넷이다.[28] 분석철학에서도 과정과 연속체의 우위가 윌프리드 셀라스 같은 고전적 저자와 더불어 제임스 래디먼과 돈 로스Don Ross 같은 더 최근의 인물들에게서 찾아볼 수 있다.[29]

이 논문은 개별 사물들이 왜 연속체로 환원될 수 없는

27. Aristotle, *Physics*, trans. C.D.C. Reeve, Indianapolis, Hackett, 2018; Aristotle, *Metaphysics*, trans. C.D.C. Reeve, Indianapolis, Hackett, 2016. [아리스토텔레스, 『형이상학』, 김진성 옮김, 이제이북스, 2007.]

28. Henri Bergson, *Creative Evolution*, trans. Arthur Mitchell, New York, Dover, 1998 [앙리 베르그송, 『창조적 진화』, 황수영 옮김, 아카넷, 2005]; Gilles Deleuze, *Difference and Repetition*, trans. Paul Patton, New York, Columbia University Press, 1994 [질 들뢰즈, 『차이와 반복』, 김상환 옮김, 민음사, 2004]; Gilbert Simondon, *L'individuation à la lumière des notions de forme et d'information*, Grenoble, Jérôme Millon, 2005 [질베르 시몽동, 『형태와 정보 개념에 비추어 본 개체화』, 황수영 옮김, 그린비, 2017]; Jane Bennett, "Systems and Things," *New Literary History*, p. 227.

29. Wilfrid Sellars, *In the Space of Reasons: Selected Essays of Wilfrid Sellars*, Cambridge, Harvard University Press, 2007; James Ladyman and Donald Ross, with David Spurrett and John Collier, *Every Thing Must Go: Metaphysics Naturalized*, Oxford, Oxford University Press, 2007.

지에 대한 나의 일반적인 논증을 반복하기에 적당하지 않다.[30] 여기서 내 논점은 새로운 것인데, 즉, 연속성과 이산성의 고전적 대립과 매클루언에 의한 뜨거운 매체와 차가운 매체의 구분 사이의 보이지 않는 연계다. 그 이유는 내가, 연속체에서는 모든 것이 자신의 이웃들과 얼마간 인접하여 존재하므로 원칙적으로 정보의 흐름은 그 연속체 속 어느 지점이든 그 지점과 여타 지점 사이에서 방해받지 않음을 강조할 것이기 때문이다. 아리스토텔레스가 이미 서술한 대로, 연속체에서는 확정된 개별 지점들이 전혀 없고, 누가 확정하든 간에 임의로 확정되는 잠재적인 지점들만 있기에, 전적으로 별개인 지점들은 존재하지 않고 정보의 흐름은 방해받지 않게 된다.[31] 실재의 두 가지 다른 부분 사이에 진정한 간극이 있을 때, 정보는 환원될 수밖에 없고, 냉각될 수밖에 없다. 내가 쥐고 있는 포크가, 행위자-네트워크 이론이 주장하는 대로, 그것이 내 손 및 여타의 것과 나누는 소통의 총합에 불과하다면, 그 포크는 순수한 정보, 뜨거울 수 있을 만큼 뜨거운 정보다.[32] 하지만 우리가 오히려 그 포크를 주변 환경에서 부분적으로 단절된 실재의 한 양

30. Graham Harman, "Whitehead and Schools X, Y, and Z," *The Lure of Whitehead*, pp. 231~48을 보라.

31. Aristotle, *Physics*. [아리스토텔레스, 『형이상학』.]

32. Bruno Latour, *Reassembling the Social*.

자로 여긴다면, 그것에 관한 내 정보는 한정된 것으로 즉시 드러나고, 많은 것이 상상에 맡겨지게 된다. 그러므로 그 포크는 매클루언의 의미에서 철저히 냉각되었다. 더 일반적으로, 상황이 양자화될 때 — 일련의 이산적인 요소들로 쪼개질 때 — 마다 모든 요소 사이의 정확한 관계들이 전적으로 확정적이지는 않거나, 적어도 전적으로 알 수는 없는 냉각된 결과가 나타난다.

이제 나는, 이런 고찰이 『비유물론』이 더 고고학적인 접근법은 무시하면서 역사적인 접근법을 선택한다는 페투르스도티르와 올센의 주장이 틀렸다는 사실을 시사함을 보여줄 것인데, 실제로는 정반대다. 그 책에서 노골적으로 거부당하는 다양한 사상의 조류와 더불어, 라투르적 판본의 행위자-네트워크 이론ANT과는 더 복잡한 관계가 있다. OOO가 라투르에게, 특히 인간 존재자와 비인간 존재자를 거의 정확히 같은 견지에서 설명할 수 있는 그의 능력에 많은 신세를 지고 있음은 널리 알려졌는데, 그 점에 관해서는, 알프레드 노스 화이트헤드를 뚜렷이 제외하고, 칸트 이후 철학자들은 거의 모두가 우리를 실망하게 했다.[33] 그런데도,

---

33. Graham Harman, *Prince of Networks* [그레이엄 하먼, 『네트워크의 군주』]; Graham Harman, *Bruno Latour*; Graham Harman, "The Importance of Bruno Latour for Philosophy," *Cultural Studies Review*, vol. 13, no. 1, 2007, pp. 31~49; Alfred North Whitehead, *Process and Reality* [알프레드 노스 화이트헤드, 『과정과 실재』].

『비유물론』에서 내가 서술하는 대로, "어떤 의미에서 ANT는 객체를 완전히 놓치는데, 그 이유는 ANT가 객체를 그것의 행위로 환원하면서 사물 속에 숨은 어떤 심연도 없애 버리기 때문이다."[34] 이것은 존재론적 차원에서의 문제일 뿐만 아니라, 사회 이론이라는 목적에 대해서도 중대한 결함이 된다. 그 이유는 우리가 행위자를 그 행위들의 총합으로 규정하면, 원칙적으로 모든 행위는 그 행위자를 구성한다는 점에서 여타 행위와 동등하기 때문이다. 카이사르의 손톱 자르기나 토가toga 바꿔 입기가 그 독재자가 갖추고 있는 특성들의 총합을 전환하는 데 있어서 루비콘강 건너기만큼이나 치명적이라면 도대체 왜 우리가 루비콘강을 건너는 카이사르에 관해 신경쓸 것인가?

『비유물론』의 핵심 주제인 VOC로 되돌아가면, 우리는 그 기업의 가장 중요한 양태들을 어떻게 결정할 수 있는가? 우리가 VOC의 역사 쓰기를 열망한다면, 우리는 ANT 자체와 거의 같은 입지에 있을 것이다. VOC가 관련된 우발 사건들의 전체 목록을 조사한 후에, 다른 존재자들에 대한 함의가 가장 많다는 의미에서 가장 큰 영향을 미친 사건들을 판별하려고 노력할 것이다. 하지만 그 책에서 내가 서술하는 대로,

34. Graham Harman, *Immaterialism*, p. 2. [그레이엄 하먼, 『비유물론』, 44쪽.]

역사가 소설의 구성과 유사하다면, 오히려 존재론은 그들이 인간이든 기업이든 무생물이든 간에 소설의 등장인물에 관한 연구와 유사하다. ANT는 항상 우리가 '행위자를 주시하도록' 권고하지만, 한편으로 객체지향 이론은 짖지 않는 개를 주시하거나, 또는 잠을 자면서 짖는 개를 주시하는 데에도 관심이 있다.[35]

짖지 않는 개가 역사의 주제인 경우는 거의 없는데, 역사는 어쩌면 일어났었을 일보다 실제로 일어난 일에 더 관련된 분과학문이다. 전자의 일이 일어날 때, 그것은 일반적으로 '반反사실적 역사'로 알려졌는데, 이것은 옹호자뿐만 아니라 비난자도 있고, 학자보다 소설가가 더 사랑하며, 그리고 어쩌면 그 구성요소 중 하나로서 '역사'를 포함하지 않는 다른 종류의 이름으로 지칭할 만한 하위 분과학문이다. ANT의 경우에, 본질적으로 그 이론은 짖지 않는 개를 배제하는데, 그 이유는 라투르에게는 "행위자를 규정하려면 그것의 행위를 통해서 규정하는 것밖에 다른 방법이 없고, 게다가 행위를 규정하려면 관심의 초점인 기질로 인해 어떤 다른 행위자들이 수정되거나 변형되거나 교란되거나 생성되는지 묻는 것밖에 다른 방법이 없"기 때문이다.[36] 말하자면, ANT

35. 같은 책, p. 40. [같은 책, 92쪽.]

의 경우에 짖지 않는 개의 짖는 소리는 아무것에도 영향을 미치지 않기에 실제로 존재하지 않음이 자동으로 참이다.

앞서 소개한 용어들로 서술하면, 『비유물론』에서 내 목적 중 하나는 ANT를 '냉각하는' 것이었다. 다시 말해서 나는, VOC가 자신의 역사에서 실행한 모든 행위의 목록을 작성하여 양적으로 가장 중요한 것을 선택함으로써 그 행위들에 집중하기보다는 오히려 그 기업 자체에 집중하고자 하였다. 나는 이것이 역사학 – 존재자보다는 오히려 사건들에 주로 집중하는 분과학문 – 에서 실행하는 작업이 아니라 존재론에서 실행하는 작업이라고 주장했다. 여기서 어쩌면 우리는 시가 역사보다 더 철학적이라는 아리스토텔레스의 유명한 주장도 떠올릴 것인데, 그 이유는 시가 현실적으로 일어난 사건들과 소통하기보다는 오히려 어쩌면 일어났었을 사건들과 소통하기 때문이다.[37] 하지만 이것은, 나의 실제 목적은 위계화하는 것이라기보다는 오히려 분별하는 것인데도, 내가 역사를 모욕하고 있는 것처럼 들리게 할 것이다. 『비유물론』에서 내가 인용한 VOC의 수많은 역사는 매우 귀중할 뿐만 아니라, 내 책에 필수적인 선행지식이었는

36. Bruno Latour, *Pandora's Hope*, p. 122. [브뤼노 라투르, 『판도라의 희망』.]
37. Aristotle, *Poetics*, trans. Joe Sachs, Bemidji, Focus Publishing, 2012, 1451B1-6. [아리스토텔레스, 「시학」, 『수사학 / 시학』, 천병희 옮김, 도서출판 숲, 2017.]

데, 어떤 역사적 객체에 관한 존재론을 그 객체에 관한 아무 정보도 없이 어떻게 시도할 수 있을까? 하지만 이 상황이 역사 — 전기는 종종 예외다 — 는 자신의 주제에 대한 접근법이 주로 관계적이라는 사실을 바꾸지는 않는다. 더 구체적으로, VOC의 역사를 쓰는 것은 VOC가 다른 존재자들에 어떻게 중요했는지 보여주는 것이지만, 존재론을 쓰는 것은 VOC 자체에 무엇이 중요했는지 보여주는 것이다. 역설적으로, 어떤 객체든 간에 그것 자체가 무엇인지 보여주려면 우리가 그것에 관해 지니고 있는 지식에서 빠져나와야 하는데, 요컨대 모든 지식에 난잡하게 집중하기보다는 오히려 그 본질적 특질들에 간결하게 집중하고, 다른 가능한 결과를 반사실적으로 그리고 시적으로 이용해야 한다.

이런 견지에서 바라보면, 린 마굴리스가 결국 『비유물론』을 위한 주요한 지적 영감을 제공한 인물이 된 사실이 이해되기 시작하는데, 비록 마굴리스는 네덜란드 식민 기업 같은 순전히 인간적인 주제에 관해 결코 연구한 적이 없는 진화생물학자이었더라도 말이다. 마굴리스의 연속 세포 내 공생설은 진화를 점진적 변화의 연속체로 여기는 것이 아니라, 하나의 이산적인 살아 있는 존재자가 또 하나의 존재자와 생물학적 연합을 이룸으로써 하나의 새로운 종이 꽤 갑작스럽게 출현하는 생물학적 '양자 도약'을 초래하는 비교적 드문 상황으로 여긴다. 물론 이 관념의 내 용법은 그것을 두드러지게 수정하는데, 요컨대 그 관념을 생물학적 영역에서 사회적 영역으로 이행할 뿐만 아니라, 공생 역시 철저히 새로운 객체를 낳기보다는 오히려 동일한 객체의 상이한 단계로 전환하기 위한 메커니즘으로 여긴다. VOC의 사례 연구에서 나는 그 기업과 다른 존재자들 사이의 비가역적 연계들, 즉 그것을 실재의 새로운 단계로 이행하고 그것의 마지막 성숙한 형태에 더 가까이 움직이게 하는 연계들을 찾고 있었다. 『비유물론』에서 내가 제시한 가설은, 그런 객체들은 모두 후속 발달이 더는 가능해지지 않기 전에 기껏해야 대략 여섯 번의 공생을 할 수 있다는 것이었다. 그 주된 이유는, 객체는 어떤 주어진 역사적 환경에서 자신을 최대화하려는 경향이 있기에 결국에는 환경 변화에 적응할 수 없게 되는 사정 때문이다. 더 구체적으로, 나는 다음과 같은 사건들을 연대기적 순서로 VOC의 공생으로 판별한다.

- 1610년 : 피에테르 보트가 VOC의 초대 총독으로 임명됨. VOC 총독은 암스테르담으로부터 직접 명령을 받지 않은 채 결정을 내리고, 전쟁을 벌이며, 조약을 체결할 권한을 부여받음.
- 1614년 : 얀 피에테르손 코엔 총독이 『인도 정세 논고』를 저술함. 그 논고에서 VOC가 유럽의 경쟁국들에 맞서 자신의 향신료 무역 독점권을 강화할 뿐만 아니라, 아시아

국가들 사이의 무역도 독점해야 한다는 주장이 제시됨.

- 1619년 : VOC의 수도로서 바타비아(현대 인도네시아의 자카르타)가 세워짐.
- 1623년 : 암본에서 네덜란드인들이 영국군을 학살함으로써 중요한 향신료 제도의 지배권을 장악함.
- 1625년 : VOC의 운영 방향이 암스테르담을 오가는 왕복 항해에서 아시아 내부 교역으로 재조정됨. 그에 따라 VOC 소유 선박의 물리적 구성도 바뀜.
- 1641년 : 말라카를 정복함으로써 옛 아랍과 중국의 무역 항로가 방대한 단일 네트워크로 통합됨.

그런데 여기서 역사결정론에 관한 문제는 없다. VOC의 경우에 이들 공생이 아닌 다른 공생들이 확실히 가능했겠기에 어쩌면 VOC가 꽤 다른 경로를 택한 '반사실적 존재론'을 시도할 수 있었을 것이다. 사실상, 『비유물론』에는 이미 이런 요소가 약간 있다. 오히려 내 논점은, VOC가 오로지 이들 여섯 가지 계기를 겪고서야 돌이킬 수 없게 성숙한 형태에 이르게 된다는 것이었다. 그리고 사춘기에 인간이 성숙하는 경우와 꼭 마찬가지로, 우리는 이들 단계가 그 기업의 생애에서 비교적 일찍 발생함을 알 수 있다. 여기서, 첫 번째 단계는 그 기업이 탄생한 지 대략 10년 후에 발생하고, 그다음 네 가지 단계는 15년에 걸쳐 일어나는데, 일부 관찰자들 – 흥미롭게도 충분히 많은 사람 – 은 이처럼 25년에 걸친 시기를 인간 한 세대의 기간으로 여긴다. 단 하나의 예외 사례가 있는데, 앞선 공생이 이루어진 지 16년 후에 뒤늦게 성공한 말라카 정복과 그로 인한 아시아 내부 교역으로의 이행이 바로 그것이다. 하지만 그 간격은, VOC가 자신의 최종 공생 국면이 완결된 후에 계속해서 존재한 150년 이상의 세월과 비교하면 아무것도 아니다. 그 나머지 150년 동안 무슨 일이 일어났는가? 성숙한 존재자와 관련하여 예상될 바로 그런 일이 일어났는데, 요컨대 VOC는 발흥한 다음에 몰락하는 도중에 주변 환경과 맺은 관계들이 최대화됨에 따라 성숙하고 주변 환경의 변화에 보조를 맞추지 못하면서 쇠퇴한다. 더 특정적으로, 네덜란드인들이 몰락하면서 영국인들이 흥기했다. 이런 설명은 사회적 객체에 대한 부적절한 '생물학적' 비유에 해당한다는 라투르의 불평에 대응하여 나는 한 논문에서 그 설명의 특질이 생물학적이라기보다는 오히려 전기적이라고 주장했다.[38] 전기는 '가장 차가운' 형태의 역사가 되는 경향이 있는데, 그 이유는 아마도 우리가 본질적으로 가지 않은 길 – 우리 모두에게 많이 있

38. Bruno Latour, *Personal communication*, September 6, 2016 ; Graham Harman, "Decadence in the Biographical Sense," *International Journal of Actor-Network Theory and Technological Innovation*, pp. 1~8 [그레이엄 하먼, 「전기적 의미에서의 퇴락」, 『비유물론』, 192~215쪽].

다 — 에 심취하는 성향이 있기에 여타의 것보다 인간의 생애에 관해서 반사실적으로 추측하는 경향이 더 강하기 때문이다. 이것보다 인간의 마음속에 향수, 우수, 또는 단순한 매혹을 더 많이 불러일으키는 주제는 거의 없는데, 우리 각자가 무엇이든 간에, 게다가 우리가 자신의 현재 모습에 아무리 만족하더라도, 우리는 모두 다양한 다른 가능한 사람이 되지 못했으며, 적어도 가끔은 자신이 그 기회를 날려 버렸다고 생각하는 경향이 있다. 그러므로 우리는 다른 가능한 인간의 생애를 잘 자각하고 있기에 경제학 또는 특히 지질학 같은 주제보다 전기에 관해서 덜 결정론적인 경향이 있다. 어쨌든 우리는, VOC가 저지른 행위들의 총합이라기보다는 오히려 VOC 자체에 관해 말하고자 하는 『비유물론』의 포부가 어떻게 해서 일종의 냉각, 즉 VOC를 과도한 정보에서 해방하는 작업을 필요로 하는지 알 수 있다. 이런 이유로 인해 『비유물론』의 저자는 존재론적 사회 이론가 라투르에서 멀어져서 진화생물학자 마굴리스로 나아가게 되었는데, 이 상황은 철학자가 마주하는 기묘한 교차로임이 명백하다.

3. 역사적 가열과 고고학적 냉각

이렇게 해서 내가, 페투르스도티르와 올센의 주장에 맞

서서,『비유물론』이 파괴된 인공물을 다루지 않음에도 불구하고 역사라기보다는 오히려 고고학과 관련되어 있다고 여기는 이유가 분명해질 것이다. 내가『비유물론』을 저술하기 위한 배경 연구를 수행하면서 고고학자들이 일반적으로 선호하는 객체들이나 현장들을 검토하지 않고 역사책들을 읽었다는 것은 사실이다. 그런데도 내가 상세한(즉, 뜨거운) 역사책들을 읽은 전체적 동기는 궁극적으로 그것들을 VOC의 존재론 – 내가 이미 역사와 정반대되는 종류의 것이라고 주장한 것 – 으로 냉각하는 것이었다.

고고학은 더할 나위 없이 차가운 분과학문이라고 나는 주장할 것이다. 고고학은, 시간상으로 꽤 멀리 떨어져 있는 상황들을 연구하는 그 본래의 소명에 힘입어, 역사가들 자신은 결코 많은 일을 할 수 없을, 정보가 적은 시나리오들을 주로 다룰 것을 실질적으로 보장받았다. 고고학이 더 최근의 현장을 발굴하게 된 그런 국면에도 그것은 비교적 정보가 부족한 다른 상황에 자연스럽게 이끌렸다. 예를 들면, 올센 자신은 노르웨이의 2차 세계대전 독일군 주둔 현장을 연구하는 것으로 널리 알려져 있다. 국외자는 고고학자가 그토록 최근의 것에 관여할 수 있다는 점에 약간 놀랄 것이지만, 군부대의 명백히 사소한 물리적 세부가 역사가들에 의해 제대로 작성되지 않았었을 것이라는 점을 깨닫게 되면 그 놀라움은 사라진다. 물론, 제3제국의 비극적 시대에 생산된 대단히 많은 상세한 문서가 여전히 존재하기에 역사가들이 히틀러 체제에 언제나 신이 났었다는 점을 참작하면, 고고학자가 제3제국에 관한 총체적 연구서 – 다양한 제국의 중요 유적지에 관한 고고학적 개론서와 대조를 이루는 것 – 를 저술하려고 시도한다면 그것은 더 놀라울 것이다. 매클루언의 용어를 빌리면, 제3제국에 관한 연구는 이미 매우 뜨거운 상황이어서 고고학자는 그런 포괄적 연구에 관여하기를 꽤 불편해할 것이다. 파편적 증거에서 서사를 종합하는 고고학자의 친숙한 기술은, 오늘날 여전히 생존하는 많은 목격자를 인터뷰하는 사람들은 말할 것도 없고, 나치 문서와 기록 영화의 풍부한 자료를 통해서 이미 차분히 연구하는 사람들에게도 그다지 필요하지 않을 것이다.

뜨거운 상황과 차가운 상황의 분류는 반드시 고정된 것은 아니다. 이를테면, 이런 일이 일어날 것처럼 보이지는 않지만, 이집트의 사카라Saqqara 유적지 또는 터키의 카탈후유크Çatalhöyük 유적지에 관한 방대한 정보의 보고가 발견된다고 가정하자. 그런 일이 일어나면 이들 유적지는 갑자기 고고학적 현장에서 역사적 현장으로 전환될 것이다. 이들 장소에 관한 방대한 기록 증거가 갑자기 제공됨에 따라 역사가들이 집단으로 몰려들 것인데, 어쩌면 그들은 고고학자들이 수십 년 동안 가늠하기 시작조차 하지 못했던 물음들에 정확히 답변할 수 있는 자신들의 능력을 만족스럽게 여길 것이다. 이런 시나리오 역시 순전히 사변적이지는 않는데, 그 이유는 과거에 명백히 그런 일이 자주 발생했기 때문이다. 예를 들면, 1945년에 상이집트에서 나그함마디Nag Hammadi 문서가 발견됨으로써 영지주의 연구가 사변적 주제에서 적절히 역사적인 주제로 전환된 사건을 생각해보자.[39] (차가운) 고생물학과 (뜨거운) 생물학 사이에도 유사한 관계가 있을 것이다. 시베리아의 영구동토층이 해빙됨으로써 뜻밖에도 수만 점의 동결된 공룡 주검이 드러난다면 정밀한 부검이 수행될 수 있을 것이고, 그리하여 공룡 뼈의 석고 모형은 더는 그다지 흥미로운 것이 아니게 될 것이다.

이 논문을 끝맺으면서 내가 제기하고 싶은 두 가지 일반적인 논점이 있다. 첫 번째 논점은 무언가에 관한 정보의 증가가 언제나 반드시 좋은 일은 아니라는 것이다. 비교적 찾기 힘든 에트루리아인 또는 아메리카 원주민이 작성한 잘 기록된 역사서를 읽을 기회를 사절할 학자는 전혀 없을 것이지만, 매클루언과 하이데거, 그린버그 같은 사상가들이 정보 증가의 고유한 단점 — 주어진 상황의 가장 기본적인 조건에 주목하지 않게 되는 대가를 치르고서 표면 내용에 몰입하게 되는 것 — 을 보여주었다. 철학은 역사보다 시에 더 가깝다는 아리스토텔레스의 의견이 옳았다면, 나는 또한 철

39. Hans Jonas, *The Gnostic Religion*, Boston, Beacon Press, 1963.

학이 역사보다 고고학에 더 가깝다고 생각하는데, 여기서 역사에 반대할 의도는 조금도 없다. 지금까지 역사의 철학에 대한 시도는 대단히 많이 있었지만 고고학의 철학에 대한 노력은 거의 없었다는 점은 어쩌면 매우 중대한 실수일 것이다.

두 번째 논점은 이렇다. 보어 전쟁이나 아편 무역에 관한 현재의 연구가 실제로 일어난 사건에 대한 점점 더 정확한 그림에 단순히 추가된 것처럼, 더 많은 정보가 발견됨에 따라 모든 것이 차가운 것에서 뜨거운 것으로 이행한다고 가정하지 말아야 한다. 매클루언의 주요한 발견 중 하나가 매체가 가열됨으로써 그 매체는 붕괴하고 일종의 패턴 인식으로 대체된다는 것이었음을 잊지 말아야 한다. 미합중국 야구 리그들이 보관하고 있는 방대한 통계를 고려하면, 매년 새로운 정보가 생성되는 동시에 컴퓨터의 도움을 통해서 점점 더 찾기 힘든 기록 실적이 끊임없이 발표되는데, 예를 들면, "누구든 선수로 활약하는 동안 경기가 있는 달의 첫날에 때린 가장 많은 홈런"이 있다. 하지만 대략 150년 동안의 야구 기록이 누적됨에 따라 통계의 역사적 축적이 일종의 패턴 인식으로 반전하기 시작했다. 그 스포츠는 이제 대략적으로 규정된 시대들로 이루어져 있는 것으로 볼 수 있게 되었는데, 각각의 시대는 나름의 강점과 약점이 있다. 다양한 선수 유형(예를 들면, 좌완이고 뜬공 안타를 맞기보다는 오히려 땅볼을 내주는 경향이 있는 "토미 존 유형의 투수")과 선수들의 개연적인 이력과 심지어 부상 확률에 관해서 어떤 일반화가 이루어지기 시작한다. 웹사이트 www.baseball-reference.com 덕분에 심지어 독자는, 모든 개별 선수에 대해서, 야구 역사에서 그 선수와 가장 유사한 통계를 나타낸 10명의 선수를 판별할 수 있게 된다. 이렇게 해서 어떤 주어진 선수에 관한 모든 산만한 개별적 세부는 제거되고, 그 선수는 친숙하고 냉각된 표준적인 역사적 캐릭터와 같은 것이 된다. 그렇다면, 역설적으로, 야구 정보가 엄청나게 증가함으로써 야구 세부가 더 뜨거워졌을 뿐만 아니라 일종의 존재론적 배경에서 그 스포츠를 조용히 관장하는 차가운 야구 구조도 찾아내게 된다. 요약하면, 모든 장르나 매체가 세부 정보가 증가함에 따라 가열되는 경향이 있다는 사실은 역사적 접근법이 고고학적 접근법과 유사한 것으로 대체되는 궁극적으로 더 차가운 상황에 이르게 되는 간접 우회로일 뿐이다.

끝으로, 이런 이유로 인해 내가 VOC의 어떤 실제 유적도 연구하지 않았다고 해서 『비유물론』에서의 내 접근법이 고고학적 접근법이 될 수 없는 것은 아니다. 고고학자가 역사적 세부 정보의 부족으로 인해 자동으로 차가운 고대 상황을 마주하는 경향이 있다면, 존재론자는 일종의 '고고학 선망'을 품고서 작업한다고 할 수 있을 것인데, 요컨대 지나치게 상세한 세계를 응시하면서 그 세계가 소수의 중요한 구조로 붕괴하기를 바란다. 달리 진술하면, 고고학자는 새로 태어난 세계의 차가움을 마주하는 반면에, 존재론자와 시인은 알려졌지만 무의미한 많은 것을 숨기는 책략을 채택한다. 이렇게 해서 모두가 망각의 차가움을 추구한다.

:: 참고문헌

Aristotle, *Metaphysics*, trans. C.D.C. Reeve, Indianapolis, Hackett, 2016. [아리스토텔레스, 『형이상학』, 김진성 옮김, 이제이북스, 2007.]

_____, *Metaphysics*, trans. Joe Sachs, Santa Fe, Green Lion Press, 1999. [아리스토텔레스, 『형이상학』, 김진성 옮김, 이제이북스, 2007.]

_____, *Physics*, trans. C.D.C. Reeve, Indianapolis, Hackett, 2018.

_____, *Poetics*, trans. Joe Sachs, Bemidji, Focus Publishing, 2012. [아리스토텔레스, 「시학」, 『수사학 / 시학』, 천병희 옮김, 도서출판 숲, 2017.]

Badiou, Alain, *Being and Event*, trans, Oliver Feltham, London, Continuum, 2006. [알랭 바디우, 『존재와 사건』, 조형준 옮김, 새물결, 2013.]

Barad, Karen, *Meeting the Universe Halfway : Quantum Physics and the Entanglement of Matter and Meaning*, Durham, Duke University Press, 2007.

Bennett, Jane, "Systems and Things : A Response to Graham Harman and Timothy Morton," *New Literary History*, vol. 43, no. 2, 2012, pp. 225~33.

Bergson, Henri, *Creative Evolution*, trans. Arthur Mitchell, New York, Dover, 1998. [앙리 베르그송, 『창조적 진화』, 황수영 옮김, 아카넷, 2005.]

_____, *Time and Free Will : An Essay on the Immediate Data of Consciousness*, trans. F. L. Pogson, Mineola, Dover, 2001.

Bowden, Mark, *Killing Pablo : The hunt for the world's greatest outlaw*, New York, Grove Press, 2015.

Brooks, Cleanth, *The Well Wrought Urn : Studies in the Structure of Poetry*, Orlando, Harcourt, Brace & Co., 1947.

Brown, Stephen R., *Merchant Kings : When Companies Ruled the World : 1600-1900*, New York, Thomas Dunne Books, 2009.

Bryant, Levi R, "Examples," *Larval Subjects* blog, July 27, 2016. https://larvalsubjects.wordpress.com/2016/07/27/examples/에서 입수할 수 있음(2019년 3월 12일에 접속함).

_____, "The Ontic Principle," in Levi R. Bryant, Nick Srnicek, and Graham Harman (eds.), *The Speculative Turn : Continental Materialism and Realism*, Melbourne, re.press, 2011, pp. 261~78.

_____, *The Democracy of Objects*, Ann Arbor, Open Humanities Press, 2011.

______, *Onto-Cartography: An Ontology of Machines and Media*, Edinburgh, Edinburgh University Press, 2014.

Burnet, Ian, *East Indies: The 200 Year Struggle between the Portuguese Crown, the Dutch East India Company and the English East India Company for Supremacy in the Eastern Seas*, Kenthurst, Rosenberg Publishing, 2013.

Clulow, Adam, *The Company and the Shogun: The Dutch Encounter with Tokugawa Japan*, New York, Columbia University Press, 2014.

Coole, Diana and Samantha Frost (eds.), *New Materialism: Ontology, Agency, and Politics*, Durham, Duke University Press, 2010.

Darwin, Charles, *On the Origin of Species: By Means of Natural Selection*, New York, Dover, 2006. [찰스 로버트 다윈, 『종의 기원』, 장대익 옮김, 사이언스북스, 2019.]

DeLanda, Manuel, *A New Philosophy of Society: Assemblage Theory and Social Complexity*, London, Continuum, 2006. [마누엘 데란다, 『새로운 사회철학: 배치 이론과 사회적 복합성』, 김영범 옮김, 그린비, 2019.]

Deleuze, Gilles, *Bergsonism*, trans. H. Tomlinson and B. Habberjam, New York, Zone, 1990. [질 들뢰즈, 『베르그송주의』, 김재인 옮김, 문학과지성사, 1996.]

______, *Difference and Repetition*, trans. Paul Patton, New York, Columbia University Press, 1994. [질 들뢰즈, 『차이와 반복』, 김상환 옮김, 민음사, 2004.]

______, *The Fold: Leibniz and the Baroque*, trans. T. Conley, Minneapolis, University of Minnesota Press, 1992. [질 들뢰즈, 『주름, 라이프니츠와 바로크』, 이찬웅 옮김, 문학과지성사, 2004.]

Deleuze, Gilles and Claire Parnet, *Dialogues II*, trans. B. Habberjam, E. R. Albert, and H. Tomlinson, New York, Columbia University Press, 2002.

Derrida, Jacques, *Of Grammatology*, trans. G. Spivak, Baltimore, Johns Hopkins University Press, 1998. [자크 데리다, 『그라마톨로지』, 김성도 옮김, 민음사, 2010.]

Diamond, Jared, *Guns, Germs, and Steel: The Fates of Human Societies*, New York, Norton, 1999. [재레드 다이아몬드, 『총, 균, 쇠: 무기·병균·금속은 인류의 운명을 어떻게 바꿨는가』, 김진준 옮김, 문학사상사, 2005.]

Drews, Robert, *The Coming of the Greeks: Indo-European Conquests in the Aegean and the Near East*, Princeton, Princeton University Press, 1994.

Eldredge, Niles and Stephen Jay Gould, "Punctuated Equilibria: An Alternative to Phyletic Gradualism," in Thomas J. M. Scopf (ed.), *Models in Paleobiology*, New York, Doubleday, 1972, pp. 82~115.

Endosymbiosis, "Endosymbiosis: Serial Endosymbiosis Theory (SET)," blog post, 2008. http://endosymbionts.blogspot.com.tr/2006/12/serial-endosymbiosis-theory-set.html 에서 입수할 수 있음.

Foucault, Michel, *The Archaeology of Knowledge and The Discourse on Language*, trans. A.M. Sheridan Smith, New York, Pantheon Books, 1972. [미셸 푸코, 『지식의 고고학』, 이정우 옮김, 민음사, 2000.]

Granovetter, Mark S., "The Strength of Weak Ties," *American Journal of Sociology*, vol. 87, no. 6, 1973, pp. 1360~80.

Greenberg, Clement, *Late Writings*, Minneapolis, University of Minnesota Press, 2003.

_____, *The Collected Essays and Criticism, Volume 2 : Arrogant Purpose, 1945-1949*, ed. John O'Brien, Chicago, University of Chicago Press, 1988.

Harman, Graham, "Conclusions : Assemblage Theory and its Future," in Michele Acuto and Simon Curtis (eds.), *Reassembling International Theory : Assemblage Thinking and International Relations*, London, Palgrave Macmillan, 2014, pp. 118~31.

_____, "Decadence in the Biographical Sense : Taking a Distance from Actor-Network Theory," *International Journal of Actor-Network Theory and Technological Innovation*, vol. 8, no. 3, 2016, pp. 1~8.

_____, "DeLanda's Ontology : Assemblage and Realism," *Continental Philosophy Review* 4.3, 2008, pp. 367~83.

_____, "Heidegger on Objects and Things," in *Making Things Public : Atmospheres of Democracy*, ed. by Bruno Latour and Peter Weibel, Cambridge, MIT Press, 2005, pp. 268~71.

_____, "Hyperobjects and Prehistory," in *Time and History in Prehistory*, ed. Stella Souvatzi, Adnan Baysal, and Emma L. Baysal, London, Routledge, 2019, pp. 195~209.

_____, "On Progressive and Degenerating Research Program with Respect to Philosophy," *Revista Portuguesa de Filosofia* 75.4, 2019, pp. 2067~2102.

_____, "On the Supposed Societies of Chemicals, Atoms, and Stars in Gabriel Tarde," in Godofredo Pereira (ed.), *Savage Objects*, Lisbon, INCM, 2012, pp. 33~43.

_____, "Some Paradoxes of McLuhan's Tetrad," *Umbr(a)*, no. 1, 2012, pp. 77~95.

_____, "Technology, Objects and Things in Heidegger," *Cambridge Journal of Economics*, vol. 34, no. 1, 2010, pp. 17~25.

_____, "The Importance of Bruno Latour for Philosophy," *Cultural Studies Review*, vol. 13, no. 1, 2007, pp. 31~49.

_____, "The McLuhans and Metaphysics," in *New Waves in Philosophy of Technology*, ed. Jan-Kyrre Berg Olsen, Evan Selinger, and S. Riis, London, Palgrave, 2009, pp. 100~22.

_____, "The Revenge of the Surface : Heidegger, McLuhan, Greenberg," *Paletten*, issue 291/292, 2013, pp. 66~73.

_____, "The Tetrad and Phenomenology," *Explorations in Media Ecology*, vol. 6, no. 3, 2007, pp. 189~96.

_____, "Time, Space, Essence, and Eidos : A New Theory of Causation," *Cosmos and History*, vol. 6, no. 1, 2010, pp. 1~17.

_____, "Undermining, Overmining, and Duomining : A Critique," in J. Sutela (ed.), *ADD Metaphysics*, Aalto, Aalto University Design Research Laboratory, 2013, pp. 40~51.

_____, "Whitehead and Schools X, Y, and Z," in *The Lure of Whitehead*, ed. Nicholas Gaskill and Adam Nocek, Minneapolis, University of Minnesota Press, 2014, pp. 231~48.

_____, *Bruno Latour : Reassembling the Political*, London, Pluto Press, 2014.

_____, *Immaterialism : Objects and Social Theory*, Cambridge, Polity, 2016. [그레이엄 하먼, 『비유물론』, 김효진 옮김, 갈무리, 2020.]

_____, *Object-Oriented Ontology : A New Theory of Everything*, London, Pelican, 2018.

_____, *Prince of Networks : Bruno Latour and Metaphysics*, Melbourne, re.press, 2009. [그레이엄 하먼, 『네트워크의 군주 : 브뤼노 라투르와 객체지향 철학』, 김효진 옮김, 갈무리, 2019.]

_____, *The Quadruple Object*, Winchester, Zero Books, 2011. [그레이엄 하먼, 『쿼드러플 오브젝트』, 주대중 옮김, 현실문화, 2019.]

_____, *The Third Table/Der dritte Tisch*, Documenta (13) Notebooks series, ed. K. Sauerländer, German version trans. B. Hess, Ostfildern, Hatje Cantz Verlag, 2012.

_____, *Tool-Being : Heidegger and the Metaphysics of Objects*, Chicago, Open Court, 2002.

_____, *Towards Speculative Realism : Essays and Lectures*, Winchester, Zero Books, 2010.

Harvey, Penny, Eleanor Conlin Casella, Gillian Evans, Hannah Knox, Christine McLean, Elizabeth B. Silva, Nicholas Thoburn, and Kath Woodward (eds.), *Objects and Materials : A Routledge Companion*, London, Routledge, 2013.

Heidegger, Martin, *Being and Time*, trans. John Macquarrie and Edward Robinson, New York, Harper, 1962. [마르틴 하이데거, 『존재와 시간』, 이기상 옮김, 까치, 1998.]

Hodder, Ian, "The Entanglements of Humans and Things : A Long-Term View," *New Literary History*, vol. 45, 2014, pp. 19~36.

_____, *Entangled : An Archaeology of the Relationship Between Humans and Things*, Oxford, Wiley, 2012.

Hume, David, *An Enquiry Concerning Human Understanding*, ed. Tom L. Beauchamp, Oxford, Oxford University Press, 1999. [데이비드 흄, 『인간의 이해력에 관한 탐구』, 김혜숙 옮김, 지만지, 2012.]

James, William, *The Principles of Psychology*, 2 vols, New York, Dover, 1950. [윌리엄 제임스, 『심리학의 원리 1·2·3』, 정양은 옮김, 아카넷, 2005.]

Johnston, Adrian, "Points of Forced Freedom : Eleven (More) Theses on Materialism," *Specualtions IV*, 2013, pp. 91~8.

Jonas, Hans, *The Gnostic Religion*, Boston, Beacon Press, 1963.

Kant, Immanuel, *Critique of Pure Reason*, trans. Norman Kemp Smith, New York, Palgrave Macmillan, 2003. [임마누엘 칸트, 『순수이성비판 1·2』, 백종현 옮김, 아카넷, 2006.]

Knorr Cetina, Karin, "Sociality with Objects : Social Relations in Postsocial Knowledge Societies," *Theory, Culture & Society*, vol. 14, no. 4, 1997, pp. 1~30.

Ladyman, James and Donald Ross, with David Spurrett and John Collier, *Every Thing Must Go : Metaphysics Naturalized*, Oxford, Oxford University Press, 2007.

Lakatos, Imre, *Mathematics, Science, and Epistemology : Philosophical Papers*, Volume 2, Cambridge, Cambridge University Press, 1978.

Latour, Bruno and Steve Woolgar, *Laboratory Life : The Construction of Scientific Facts*, Princeton, Princeton University Press, 1986. [브뤼노 라투르·스티브 울거, 『실험실 생활 : 과학적 사실의 구성』, 이상원 옮김, 한울, 2019.]

Latour, Bruno, "Can We Get Our Materialism Back, Please?," *Isis*, vol. 98, 2007, pp. 138~42.

_____, "On Interobjectivity," trans. G. Bowker, *Mind, Culture, and Activity : An International Journal*, vol. 3, no. 4, 1996, pp. 228~45.

_____, "On Recalling ANT," in John Law & John Hassard (eds.), *Actor Network Theory and After*, London, Wiley-Blackwell, 1999.

_____, *An Inquiry into Modes of Existence : An Anthropology of the Moderns*, trans. C. Potter, Cambridge, Harvard University Press, 2013.

_____, *Pandora's Hope : Essays on the Reality of Science Studies*, Cambridge, Harvard University Press, 1999. [브뤼노 라투르, 『판도라의 희망 : 과학기술학의 참모습에 관한 에세이』, 장하원·홍성욱 책임 번역, 휴머니스트, 2018.]

_____, Personal communication (email), September 6, 2016.

_____, *Reassembling the Social : An Introduction to Actor-Network-Theory*, Oxford, Oxford University Press, 2005.

_____, *The Pasteurization of France*, trans. Alan Sheridan and John Law, Cambridge, Harvard University Press, 1988.

_____, *We Have Never Been Modern*, trans. Catherine Porter, Cambridge, Havard University Press, 1993. [브뤼노 라투르, 『우리는 결코 근대인이었던 적이 없다』, 홍철기 옮김, 갈무리, 2009.]

Latour, Bruno, Graham Harman, and Peter Erdelyi, *The Prince and the Wolf : Latour and Harman at the LSE*, Winchester, Zero Books, 2011.

Law, John, *After Method : Mess in Social Science Research*, New York, Routledge, 2004.

Leibniz, G. W., "Monadology," in *Philosophical Essays*, trans. Roger Ariew and Daniel Garber, Indianapolis, Hackett, 1989. [고트프리트 빌헬름 라이프니츠, 「모나드론」, 『형이상학 논고』, 윤선구 옮김, 아카넷, 2010.]

_____, *Philosophical Essays*, trans. Roger Ariew and Daniel Garber, Indianapolis, Hackett, 1989.

Margulis, Lynn, *Symbiotic Planet : A New Look at Evolution*, New York, Basic Books, 1999. [린 마굴리스, 『공생자 행성 : 린 마굴리스가 들려주는 공생 진화의 비밀』, 이한음 옮김, 사이언스북스, 2007.]

Marres, Noortje, "No Issue, No Public : Democratic Deficits After the Displacement of Politics," PhD dissertation, University of Amsterdam, The Netherlands, 2005. http://dare.uva.nl/record/165542에서 입수할 수 있음.

Maturana, Humberto and Francisco Varela, *Autopoiesis and Cognition : The Realization of the Living*, Dordrecht, Kluwer, 1980.

Mayr, Ernst, *Systematics and the Origin of Species*, New York, Columbia University Press, 1942.

McLuhan, Marshall and Eric McLuhan, *Laws of Media : The New Science*, Toronto, University of Toronto Press, 1992.

McLuhan, Marshall, *Understanding Media : The Extensions of Man*, Cambridge, MIT Press, 1994. [마셜 매클루언, 『미디어의 이해 : 인간의 확장』, 김상호 옮김, 커뮤니케이션북스, 2011.]

Meillassoux, Quentin, "Iteration, Reiteration, Repetition : A Speculative Analysis of the Meaningless Sign" (a.k.a. "The Berlin Lecture"), trans. R. Mackay, unpublished manuscript. https://cdn.shopify.com/s/files/1/0069/6232/files/Meillassoux_Workshop_Berlin.pdf에서 입수할 수 있음.

_____, *After Finitude : Essay on the Necessity of Contingency*, trans. Ray Brassier, London, Continuum, 2008. [퀑탱 메이야수, 『유한성 이후』, 정지은 옮김, 도서

출판b, 2010.]

Mol, Annemarie and John Law, "Networks and Fluids : Anaemia and Social Topology," *Social Studies of Science*, vol. 24, no. 4, 1994, pp. 641~71.

Mol, Annemarie, *The Body Multiple : Ontology in Medical Practice*, Durham, Duke University Press, 2002.

Morton, Timothy, *Hyperobjects : Philosophy and Ecology After the End of the World*, Minneapolis, University of Minnesota Press, 2013.

Parthesius, Robert, *Dutch Ships in Tropical Waters : The Development of the Dutch East India Company (VOC) Shipping Network in Asia : 1595-1660*, Amsterdam, Amsterdam University Press, 2010.

Pétursdóttirr, Þora and Bjørnar Olsen, "Theory Adrift : The Matter of Archaeological Theorizing," *Journal of Social Archaeology*, vol. 18, no. 1, 2018, pp. 97~117.

Pseudo-Dionysius, *Pseudo-Dionysius : The Complete Work*, ed. by Colm Lubheid, Mahwah, Paulist Press, 1987. [위 디오니시우스, 『위 디오니시우스 전집』, 엄성옥 옮김, 은성, 2007.]

Rhodes, Richard, *The Making of the Atomic Bomb*, New York, Simon and Schuster, 1986. [리처드 로즈, 『원자 폭탄 만들기 1·2』, 문신행 옮김, 사이언스북스, 2003.]

Sagan, Lynn, "On the Origin of Mitosing Cells," *Journal of Theoretical Biology*, vol. 14, no. 3, 1967, pp. 225~74.

Sellars, Wilfrid, *In the Space of Reasons : Selected Essays of Wilfrid Sellars*, Cambridge, Harvard University Press, 2007.

Simondon, Gilbert, *L'individuation à la lumière des notions de forme et d'information*, Grenoble, Jérôme Millon, 2005. [질베르 시몽동, 『형태와 정보 개념에 비추어 본 개체화』, 황수영 옮김, 그린비, 2017.]

Smolin, Lee, *Three Roads to Quantum Gravity*, New York, Basic Books, 2008. [리 스몰린, 『양자 중력의 세 가지 길』, 김낙우 옮김, 사이언스북스, 2007.]

Stengers, Isabelle, *Cosmopolitics I*, trans. R. Bononno, Minneapolis, University of Minnesota Press, 2010.

Tarde, Gabriel, *Monadology and Sociology*, trans. T. Lorenc, Melbourne, re.press, 2012. [가브리엘 타르드, 『모나돌로지와 사회학』, 이상율 옮김, 이책, 2015.]

Wang, Yang, Benjamin F. Jones, and Dashun Wang, "Early-Carreer Setback and Future Career Impact," *Nature Communications*, vol. 10, article no. 4331, 2019, https://www.nature.com/articles/s41467-019-12189=3?te=1&nl=smater-living&emc=edit_sl_20200108에서 입수할 수 있

음.

Webmoor, Timothy and Christopher L. Witmore, "Things Are Us! A Commentary on Human/Things Relations Under the Banner of a 'Social' Archaeology," *Norwegian Archaeology Review*, vol. 41, no. 1, 2008, pp. 53~70.

Whitehead, Alfred North, *Process and Reality*, New York, Free Press, 1978. [알프레드 노스 화이트헤드, 『과정과 실재』, 오영환 옮김, 민음사, 2003.]

Whorf, Benjamin Lee, *Language, Thought, and Reality : Selected Writings of Benjamin Lee Whorf*, Cambridge, MIT Press, 1964. [벤자민 리 워프, 『언어, 사고, 그리고 실재』, 신현정 옮김, 나남출판, 2010.]

Willis, John E., Jr., *Pepper, Guns, and Parleys : The Dutch East India Company and China : 1662-1681*, Los Angeles, Figueroa Press, 2005.

Zubiri, Xavier, *On Essence*, trans. A. Robert Caponigri, Washington, Catholic University of America Press, 1980.

:: 인명 찾아보기

ㅎ

:: 용어 찾아보기

ㅅ

ㅇ